Der Aufstand der Tiere – die große Wende

Roman

von
Sigrid Ertl

Impressum

Herstellung und Verlag:
BoD – Books on Demand, Norderstedt
ISBN: 9783751936668

Wenn ich meine rechte Meinung sagen soll,
so halte ich das Ganze für einen Pfiff,
Gesinnungen, Winke unter die Leute zu bringen.
Ihr werdet sehn, ob ich nicht recht habe.
Ein Revolutionsstück, soviel ich begreife.
(Ludwig Tieck: Der gestiefelte Kater)

Die Charaktere

Tim, Sarah und Peter Laven – eine Familie aus Moselstadt
Professor Gottfried von Siebenberg
Förster Hans Eberstrauch
Försterfrau Rosi Eberstrauch
Direktor Schultheiß
Elfi und Tristan – Rehgeschwister
Leo – ein Keiler
Fritz – ein Fuchs
Trudi – eine Ente
Gina – ein Buntspecht
Tina – eine Eule
Felix – ein schwarzer Hund
Emil Ramboux – ein Aussteiger
Rotschopf – Tims Freund
Natascha und Benjamin – Tierschützer

Vorwort

Sehr geehrter Leser,

jeder kennt heutzutage die zahlreichen Berichte über die Ereignisse, die im Jahre 2030, von Moselstadt ausgehend, die ganze Welt erschütterten.

Eingeschlossen in einer Kunstwelt von Städten und Ackerwüsten kränkelte damals die menschliche Sippe in nie dagewesenem Ausmaß und propagierte den geistigen und körperlichen Zerfall als das Hohelied des digitalen Schlaraffenlandes.

Als damals Flora und Fauna aufstöhnten, die Ozeane und das Land vor dem globalen Konsum- und Wohlstandsrausch kapitulierten, hatten die Geister, die man rief, die Weltherrschaft übernommen.

In dieser schwierigen Zeit hofften religiös gesinnte Menschen auf einen Wink Gottes und Esoteriker auf eine neue Weltordnung. Der Homo faber jener Tage glaubte an den Gott der Technik und genoß recht unbekümmert seinen Wohlstand in einer Gesellschaft, die langsam aber sicher zugrunde ging. Und dann kam dieser Wink einer unbekannten höheren Macht, aber anders, als viele es sich vorgestellt hatten.

Die vorliegende Geschichte ist keine Zusammenfassung der zahlreichen Pressemitteilungen. Sie entstand aus den privaten Aufzeichnungen und Tagebüchern des mittlerweile 75jährigen Prof. Dr. Tim Laven, eines Naturwissenschaftlers, der den Aufstand der Tiere und die große Wende als junger Mensch miterlebte. Die Gestaltung und das Format des Textes überließ er mir, nur die Zu-

sammenhänge und Ereignisse sollten wahrheitsgetreu wiedergegeben werden.
Seit damals hat sich vieles zum Guten gewendet. Und doch wird noch viel Zeit ins Land gehen, bis die Spuren einer Umwelt- und Gesellschaftszerstörung, die eine ganze Epoche überschattete, ausgelöscht sind.

M. Jakob, Heimatforscher
Moselstadt[1], den 22. April 2093

---

[1] Moselstadt – Namen übernommen aus: Klauspeter Bungert: *Interview – Eine Erzählung*. Barnstorf 2015

Das Ereignis, von dem alles seinen Ausgang nahm

Der Frühlingsmorgen war sonnig und warm. In der vormaligen Römeransiedlung Moselstadt bewegte sich kein Lüftchen. Man hätte ihn friedvoll nennen können, wenn nicht in der Stadt selbst, gleich einem aufgescheuchten Ameisenhaufen, die Menschen ihrer täglich lärmenden Betriebsamkeit nachgegangen wären.

Am frühen Nachmittag, es war der 23. Mai 2030, bildete sich von Westen her eine helle Wolkenfront, die sich zunehmend dunkler färbte und bedrohlich wuchs. Der Wind frischte auf, erst sanft, dann immer heftiger, und bald fegten Sturmböen über das schmale Moselstädter Tal. In der Stadt wirbelten die Winde wie Furien über Straßen und Plätze, jauchzten und stöhnten um die Ecken der Häuser und zerteilten mit Eifer die große, alles überschirmende Smogwolke, die seit langem zum Stadtbild gehörte. Dann öffnete der Himmel seine Schleusen. Heftige Regengüsse, von Winden gepeitscht, ergossen sich über Stadt und Fluß. Die Oberfläche der Mosel, die Moselstadt in zwei Hälften teilte, runzelte sich wie eine zornige Stirn, heftig schlugen die Wellen an hochbetonierte Ufer.

Auf den waldigen Randhöhen zerrten die Furien mit Gewalt an den Bäumen, entrissen ihnen die zarten Triebe und das frisch entfaltete Laub ebenso wie die abgestorbenen Äste vom Vorjahr. Nicht wenige von ihnen hielten dem Sturm nicht mehr stand und knallten mit lautem Getöse der Länge nach hin.

Dann zerteilte ein gewaltiger Blitz, begleitet von lautem Donnergebrüll, im Zickzackmuster den weiten Himmel und schlug irgendwo grell aufleuchtend im Wald ein. Der Regen hatte abrupt aufgehört, der Wind sich verzogen. Der Spuk war vorbei, alles schien wie vorher.

1. Kapitel
Tim Laven

Der zwölfjährige Tim saß gerade bei seinen Hausaufgaben, als er ein Kratzen an der Fensterscheibe vernahm. Er blickte kurz von seinem Schreibtisch auf, murmelte etwas und schrieb dann weiter. Das Kratzen wurde heftiger. Auf dem Fensterbrett draußen bewegte sich eine kleine Gestalt ungeduldig hin und her.

„Gut, komm rein, aber stör nicht weiter“, sagte er, stand auf und öffnete das Fenster. Geschwind huschte ein kleines Eichhörnchen herein und sprang auf den Schreibtisch, mitten auf sein Heft und seine Bücher.

„Was machst du da“, schimpfte er und scheuchte es weg. Dann kramte er aus einer Dose Nüsse hervor und verstreute sie auf dem Boden. „Hier, da hast du was zum Knacken. Und nun laß mich in Ruhe, ich habe zu arbeiten!“

Er setzte sich wieder hin und kritzelte weiter in sein Heft. Direktor Schultheiß, sein Lehrer, hatte ihnen aufgetragen, über den Gasaustausch bei Pflanzen einen Aufsatz zu schreiben. Sie sollten das Thema selbst entwickeln und verschiedene Quellen zu Rate ziehen. Und so blätterte er zwischendurch in Fachbüchern, die er sich ausgeliehen hatte. Mehrmals stutzte er und fuhr sich durch den wirren Haarschopf. Hier stand es so, dort aber so. Nachdenklich hielt er inne und blickte auf das Eichhörnchen, welches freudig eine Nuß nach der anderen knackte. Wie ist das mit der Atmung, überlegte er, nimmt sie bei Pflanzen, zumal bei Laubbäumen, nicht einen größeren Raum ein als die Photosynthese? Was bedeuten würde, es wird mehr Sauerstoff verbraucht als produziert? Nein, dachte Tim, das kann nicht sein. Doch wie ist das nachts, wenn keine Sonne scheint, oder im Winter, ohne Laub? Dann ist es aus mit der Photosynthese, aber die Atmung läuft weiter.

Nun, dachte er, ich bastele den Aufsatz einfach um die Fragestellung herum, thematisiere die Widersprüche und lasse das Ende offen. Es fehlt noch die Überschrift. Nachdenklich kaute er an seinem Stift, dann neigte er den Kopf über sein Heft und schrieb: *Über die Konkurrenzsituation der Gase bei Atmung und Photosynthese höherer Pflanzen, insbesondere der laubabwerfenden Angiospermen.*

Zufrieden lehnte er sich zurück. Dann spitzte er seinen Bleistift und machte sich daran, den Aufsatz entsprechend zu ändern.

Mittlerweile war der Boden in Tims Zimmer mit leeren Schalen übersät. Das Eichhörnchen lugte neugierig zu dem Jungen hinüber, der aber nicht rüberschaute. So begann es, auf ein Regal zu hüpfen und dann auf ein anderes, huschte über das gemachte Bett, die große Stehlampe hinauf, auf den Lampenschirm und von da aus mit einem gewagten Sprung an die Gardinen, wo es sich festkrallte und eine Weile hin- und herschaukelte. Tim wurde es nun zu bunt.

„Komm her, aber nur ein paar Minuten, dann mußt du wieder raus“, rief er den kleinen Freund, der schnell auf

seinen Schoß sprang, und kraulte ihm ausgiebig das seidige Fell.
Tim hatte im Winter, der schneereich und frostig gewesen war, ein Futterhäuschen gebaut und im Garten neben einer großen Kastanie aufgestellt. Doch nicht nur Vögel, sondern auch Eichhörnchen nahmen dankbar das Futter an. Eines von diesen wurde besonders zutraulich und fraß Tim bald aus der Hand. Fortan blieb es bei ihm und hatte sich den Kastanienbaum und ein paar Tannen am Rande zu seiner Heimstatt auserkoren.
Tim wohnte in der Waldstraße. Diese Straße war ein vorzeiten von Römern angelegter Weg, der entlang eines roten Sandsteinmassivs, welches Moselstadt im Norden begrenzte, auf ein bewaldetes Plateau führte. Die Felsen mehr oder weniger im Rücken, standen dort eintönige Reihenhäuser. Im letzten oberen Drittel der Waldstraße befanden sich jedoch hintereinander drei einzeln stehende Häuser mit kleinen Gärten, deren Bewohner miteinander befreundet waren. Im ersten wohnte der Literaturprofessor Gottfried von Siebenberg, in der Mitte Tim mit seinen Eltern, dann im letzten der Revierförster Eberstrauch mit seiner Frau und zwei niedlichen Töchtern, dessen Arbeitsplatz sich über ihm auf der Höhe befand, wo er im alten Forsthaus, am Rande des Mohrenkopfwaldes, sein Büro hatte.
Diese niedlichen Töchter der Eberstrauchs klopften gerade an Tims Tür, als er das Eichhörnchen liebkoste. Sie kamen ins Zimmer gestürzt, noch ehe er sie reinbitten konnte, und quietschten vergnüglich, als sie das rotbrau-

ne Tierchen mit den Zipfelohren sahen. Das erschrak jedoch, sprang von Tims Schoß über die Fensterbank nach draußen, flitzte über die Wiese und schoß die Kastanie hinauf in Sicherheit.

„Warum läuft es denn weg, Tim? Wir wollten doch nur mit ihm spielen", rief das ältere Mädchen enttäuscht.

„Ihr habt es erschreckt mit eurem Lärm. Sowas mögen Eichhörnchen nicht", antwortete er. „Außerdem habe ich keine Zeit für euch, ich bin bei den Hausaufgaben."

„Du hast nie Zeit für uns!", antwortete das Mädchen und verzog den Mund.

„Wo ist denn eure Mama, kann die sich nicht kümmern?", gab er schroff zurück.

„Die sitzt bei Tante Sarah in der Küche, die haben was zu bereden. Und da hat Tante Sarah gesagt, du würdest mit uns spielen", antwortete die Schwester.

Mit Tante Sarah war, in Ermangelung einer echten Tante, Tims Mutter gemeint.

„Na gut", seufzte Tim, „dann kommt mit. Wir gehen auf die Wiese, wir spielen Verstecken."

Die Mädchen hüpften freudig händeklatschend dem Jungen hinterher, der knapp der Nachbarin in der Küche zuwinkte und die kleinen Nervensägen in den Garten führte.

Die Förstersfrau, die mit Tims Mutter einen Tee brühte und sich anregend mit ihr unterhielt, hatte früher als Krankenschwester ganztags in der Klinik gearbeitet. Doch nach der Geburt der Kinder zog sie es vor, ihren Nachwuchs selbst zu erziehen, anstatt ihn, praktisch

vom Kreißsaal aus, in fremde Hände abzugeben.
„Weißt du, Sarah", erzählte sie eines Nachmittags, „vor Jahren im Osten war es üblich, die Kinder früh in den Hort zu geben, damit beide Elternteile arbeiten gehen konnten. Der Westen hat das übernommen, und heute sehen wir es überall."
„Das geschah unter unserer langjährigen Kanzlerin, die aus dem Osten stammte und ganz im Staatssinne dort erzogen worden war", erläuterte Sarah.
„Und in welchem Staatssinn erzieht man die Kleinen heute?", versetzte Rosi. „Man richtet sie zu Massenkonsumenten ab. Hans behauptet, Massenkonsum ist notwendig, um den Betrieb am Laufen zu halten, und lacht dabei. Überhaupt sagt er manchmal Dinge, die er außer Haus besser nicht sagt. Du erinnerst dich, als vor acht Jahren die Kindergärten digitalisiert wurden. Die Eltern sollten Tablets und Teddyphones[2] für die Kleinen kaufen, mit Spiel- und Lernprogrammen aus dem Internet. Da saßen die Kleinen mit ihren Erzieherinnen auf der Wiese oder im Wald, mit den Dingern auf dem Schoß, und lernten die Natur über den Bildschirm kennen. Da platzte Hans der Kragen und er schimpfte laut: ‚Unsere Kinder werden mir nicht in so ein Irrenhaus kommen.' Als Förster kann er gar nicht anders denken."
„Aber er hat doch recht, Rosi. Menschen brauchen den Kontakt zur Natur, und Kinder besonders. Es war auch der Grund, warum wir Tim sofort aus dem Kindergarten

---

[2] Teddyphones: Smartphones für Kinder von zwei bis sechs Jahren. Sie hatten die Form eines Teddybärs.

entfernten. Zum Glück muß man die Kleinen noch nicht dorthin geben. Aber es könnte dahin kommen."
„Meinst du, der Besuch wird verpflichtend?", fragte Rosi Eberstrauch besorgt.
„Es könnte dazu kommen, ja", sinnierte Sarah. „Es gibt immer mehr Eltern, die ihre Kinder bis zur Schule wieder zu Hause erziehen wollen. Statistisch fällt es noch nicht groß ins Gewicht, aber vielleicht in ein paar Jahren, und wohin dann mit den vielen Investitionen für Kitas und Personal!"
„Ich lerne immer mehr Eltern kennen, die sich gegen die Zwangsbehandlungen der Kleinen wehren. Ein Kitakind soll innen und außen steril zu den andern stoßen, um nur ja keine Krankheiten zu verbreiten", spöttelte die gelernte Krankenschwester. „Dafür wird es von früh an mit Medikamenten vollgestopft. Das kann gar nicht gut sein."
„Wie wir alle sollen die Kleinen sein: steril und genormt", wandelte Sarah ab. „Als Tim in die Schule sollte, wurde uns erklärt, der Junge falle aus der Norm. Er war kleiner als seine Altersgenossen, wollte nicht mit ihnen spielen und blieb gerne für sich. Also war etwas mit ihm nicht in Ordnung."
„Ich erinnere mich, ihr wart bei einem Experten."
„Das waren wir", antwortete Sarah. „kaum hatte er Tim gesehen, war seine Diagnose auch schon fertig: dissoziative Störung, Autismus, Hochbegabung. Er wollte ihn medikamentös einstellen."
„Auch eine versteckte Form des Konsumzwangs, die

vielen Medikamente, meinst du nicht, Sarah?"
„Das Geschäft mit der Norm. Oder auch mit der Angst, anders zu sein, was so ziemlich dasselbe ist. Wir waren damals auch noch auf dem Trip", bedauerte Sarah. „Demnächst gelten für unsere Kinder die Gesetze der Qualzucht. Irgendwelche Deppen im Erziehungsministerium legen fest, was normale Kinder seien. Am Ende entstehen kleine Frankensteine, die ewig krank und therapiebedürftig sind. Hauptsache genormt. Wie die Möpse der alten Frau unten an der Ecke. Jede Woche rennt sie mit denen zum Tierarzt."
„Da kam euer Tim ja nochmal glimpflich davon. Und was ist er heute für ein braver Junge. Hans, der ihn öfters auf seine Waldgänge mitnimmt, ist ganz begeistert von seiner Wißbegier und seiner Liebe zur Natur."
„Oh, die Liebe zur Natur gilt als besonders normwidrig und therapiebedürftig", spottete Sarah. „Wenn man die Warnungen vor harmlosen Pflanzen, Zecken und dem Fuchsbandwurm weiterdenkt, die seit Jahren unters Volk gestreut werden, dann wird Naturliebe spätestens 2035 kriminalisiert. Dein Mann wird dann als gemeingefährlicher Verführer bestraft, wenn er Menschen den Wald erklärt, als Anstifter zur Selbstgefährdung, Aufruhr gegen die abartige Normdenke unserer Bürokraten. Alles was natürlich wirkt, hat zu verschwinden, inklusive des gesunden Menschenverstandes und jeder Warmherzigkeit, die daran hängt."
Förster Hans Eberstrauch hatte damals einen nicht geringen Anteil daran, die Liebe zur Natur bei Tim zu för-

dern. So zeigte er ihm früh einen kleinen Bestand uralter Eichen, die einen Kreis bildeten, in dem man noch die Reste alter Steinbänke mit verwitterten Inschriften fand. Die Eichen taten es dem Jungen besonders an. Wenn er hinaufschaute in die von Wind und Wetter zerzausten, halb abgebrochenen Kronen und mit seinem Blick den knorrigen Ästen folgte, die wie verrenkte Arme in den Himmel griffen, fühlte er so etwas wie Demut und Ehrfurcht vor solchen Giganten, die Wind und Wetter getrotzt hatten. Eberstrauch erzählte, Bauern hätten sie vor dreihundertachtzig Jahren gepflanzt, als ein Krieg, der dreißig Jahre lang währte, endlich zu Ende ging. Für ewigen Frieden sollten die Bäume stehen und dafür, daß die Geschichte des Landes künftig freibleibe von Greueln jeder Art.

Für den Förster gab es in dieser Zeit viel zu tun, denn sein Baumbestand kränkelte und bei jedem Sturm gab es Verluste. Der Klimawandel sollte daran schuld sein. Doch einmal flüsterte er Tim zu: „Die Forst- und Landwirtschaft sind die eigentlichen Klimakiller, das darf man aber nicht zu laut sagen.“

Damals, im Jahre 2030, gab es in Deutschland nur noch achtzehn Prozent Wald. Weltweit vielleicht noch dreißig Prozent. Für Förster Eberstrauch war klar, daß hier der Hund begraben lag, wenn es um die Launen des Wetters, Stürme, Verkarstung und Überschwemmungen ging. Erst wollte er großflächig aufforsten, doch dann besann er sich und dachte, der Wald weiß wohl selbst am besten, wie das Aufforsten geht. Denn es gibt kaum

einen Flecken, wo nicht Buchenkinder, Tannensprößlinge, Eschenblättchen oder kleine Eiben ihre grünen Häupter neugierig in die Höhe recken.
Eines Abends, es war Ende April, war Tim wieder mit dem Förster unterwegs gewesen und schlenderte gemächlich die Waldstraße hinab. Als er zuhause ankam, sah er seinen Nachbarn Professor von Siebenberg am Zaun stehen und Brombeeren zurückschneiden, die über den Zaun wucherten.
Der Professor, seit einigen Jahren emeritiert, galt gemeinhin als Kauz und sah auf keine besonders schmeichelhaften Beliebtheitswerte an der Universität zurück. Einmal schnauzte er zwei seiner Studenten an: „Kompliment, Krause! Daß Sie Meyers Hermeneutik kennen, hätte ich nicht gedacht. Akkurat haben Sie Kapitel zwei und fünf abgekupfert. Das muß Ihnen mal einer nachmachen. Und Sie, Freund Moosbacher, haben Krause noch übertroffen und gleich das halbe Buch von Stielmanns Semantiklehre kopiert!“
„Aber Herr Professor, das machen doch alle so!“, gab Moosbacher zurück.
„Darum seid ihr ja so verblödet“, erwiderte der Professor bissig, „abkupfern und auswendiglernen! Ihr seid keine Studenten, ihr seid Kopiermaschinen!“
Tim grüßte den Professor, der interessiert aufschaute und nach seiner Art sofort versuchte, den Jungen in ein Gespräch zu verwickeln.
„Servus, Tim“, gab er freundlich zurück und betrachtete ihn von Kopf bis Fuß, „du willst immer noch nicht

wachsen, wie mir scheint. Eine ganze Kopfeslänge fehlt dir noch. Und du warst wieder mit Eberstrauch im Wald unterwegs? Hast du denn keine Spielkameraden, wie es sich für Jungs in deinem Alter gehört?“

„Erstens, Herr Professor, waren die Menschen früher auch klein, das ist nichts Ungewöhnliches, und nachweislich bin ich kein Zwerg. Zweitens verschwende ich meine Zeit nicht mit sinnlosen Spielen, sondern studiere die Natur. Vielleicht wissen Sie, daß ich vorhabe, Professor für Biologie zu werden.“

Der alte Gelehrte spitzte verwundert die Ohren. „So, so“, erwiderte er, „Biologe willst du werden und die freie Natur studieren? Ob davon noch was übrig ist, wenn du groß bist?“

„Freie Natur?“, fragte Tim, „wo sehen Sie denn freie Natur, Herr Professor? Schauen Sie die Flüsse an, wie sie früher waren und wie heute!“ Der Junge streckte seinen Arm aus und zeigte hinunter ins Tal, wo die Mosel zwischen zwei überfüllten Hauptverkehrsstraßen geruhsam dahinfloß. „Zurechtgestutzt hat man unsere Mosel, schlimmer noch den Rhein und die Donau. Begradigt hat man sie, die Auen und die Auwälder zerstört, Staustufen alle paar Meter gesetzt, die Ufer zubetoniert! Keine Vegetation, keine Insekten, kein Leben weit und breit!“

„Na, na, Tim, übertreibe nicht“, versuchte der Professor ihn zu bremsen, „es gibt noch ein paar Meter schöne Strände und wilde Gestade, wo Schilfgras wächst und Knöterich wuchert.“

„Ja, und ein winziges Augebiet an der Donau ist auch noch übrig, toll!“, versetzte Tim verärgert. Dann fuhr er mit Eifer fort: „Und die Ackerböden? Schauen Sie sich unsere Ackerböden an! Denen fehlt die Humusschicht. Im Herbst liegen sie bloß und ohne Schutz, verdichtet durch schwere Maschinen. Kaputter Boden, der mit chemischem Dünger künstlich am Leben erhalten wird. Wo sind all die Regen- und Faden- und Strudelwürmer, die Springschwänze und Milben, die Tausendfüßler und Asseln? Und die Wälder, die großen Wasserspeicher, was ist mit denen? Abrasiert hat man sie, wie lästigen Bartwuchs. Und wo soll das ganze Wasser nun hin? Kein Wunder, daß der Meerespegel steigt! Und dann die Winde, die jagen nun ungebremst über das waldfreie Land. Orkane, Tornados und Zyklone suchen uns heim und Überschwemmungen wie nie zuvor!“ Tim wunderte sich, daß, als er zu Ende gesprochen hatte, der alte Gelehrte lange schwieg und irgendwie entrückt schien.
Während der Junge seinen Vortrag hielt, tauchten vor des Professors innerem Auge wundersame Landschaftsbilder auf. Er sah Pinienwälder, mit Felsen bestückt, einen Bach, der sich durch bunte Wiesen schlängelte und in einen See mündete. An den Ufern bog ein lauer Lufthauch die schlanken Halme von Riedgräsern und Schilf. Dahinter erstreckte sich ein weites Ackerfeld, darauf Kornblumen und Mohn blühten, und aus der Ferne bewegten sich drei Gestalten in altmodischen Kleidern auf ihn zu. Schnell rückten sie näher und er staunte, als er ganz deutlich Goethe, Rousseau und Stifter zu

erkennen meinte. Sie deuteten auf den Jungen, der neben ihm stand, und gestikulierten mit wichtiger Miene. Dann lösten sie sich mit einem Zischen in Luft auf. Der Professor zuckte zusammen, sah Tim erstaunt an und strich sich über den grauen langen Kinnbart.

Ehe der Junge wußte, wie ihm geschah, packte der Professor ihn am Ärmel und führte ihn in seine Wohnstube. Die Wände waren mit hohen Regalen zugestellt und diese so vollgestopft mit Büchern, daß sie zu bersten drohten. Am Boden stapelten sich Zeitungen und Fachzeitschriften, die der Gelehrte über Jahre gesammelt hatte. Das einzige Fenster war trüb vor Schmutz und behangen mit Gardinen, die schon bessere Zeiten gesehen hatten. Auf der Fensterbank standen zahlreiche Kakteen. Solche mit hübschen Blüten standen neben garstig stacheligen Exemplaren. Der wuchtige Schreibtisch, auf dem hochaufgetürmt großformatige Fachbücher neben einem altertümlichen Computer und Notizblättern lagen, sah aus, als ginge er in die Knie. Über allem lag ein Staubgeruch, der Tim in der Kehle kratzte. Er blieb hüstelnd an der Türe stehen, während der Alte wie ein Storch mit seinen langen Beinen über die überall auf dem Boden verteilten Stapel dem Regal zustelzte. Zielsicher zog er ein Buch heraus, blies den Staub vom Einband und gab es Tim.

„Hier, ein Geschenk“, sagte er, „und merke dir, studiere die Grundlagen und denke selbst, sonst wirst du kein guter Biologe!“

Tim schaute neugierig auf den Titel, er fing an zu strahlen: *Die Bildung der Ackererde durch die Tätigkeit der Würmer, von Charles Darwin.*
Der Professor blickte Tim nachdenklich an. Schließlich zog er die Augenbrauen hoch und sagte geheimnisvoll: „Den großen Ingenieur, den da oben“, er streckte seinen dürren Zeigefinger zur Decke, „den sollte man nicht ganz von der Rechnung streichen. Es heißt, er habe die Welt erschaffen, sich dann aber aus Gründen, die bis heute unerforscht sind, aus dem Staube gemacht. Der Mensch wirkt nun an seiner Statt. Kennst du den Zauberlehrling[3], Junge?“
Tim nickte, sie hatten das Gedicht vor kurzem im Deutschunterricht besprochen. „Nun“, fuhr der Professor fort, „dann weißt du ja, wie die Sache steht!“
Tim war beeindruckt von der Gelehrtheit des Professors, obwohl er ihm nicht in allem folgen konnte. So wird es nicht schaden – er betrachtete liebevoll das Buch in seiner Hand –, daß ich seinen Rat befolge.

---

[3] *Der Zauberlehrling*: Gedicht von Goethe

2. Kapitel
Deus ex Machina

Auch wenn Tim öfters mit Förster Eberstrauch den Mohrenkopfwald erkundete, war er die meiste Zeit alleine unterwegs. Seine Eltern sorgten sich nicht, denn im Wald war es ungefährlicher als in der lärmenden Stadt, wo in letzter Zeit Prügeleien, Überfälle und Unfälle überhandnahmen. Doch an diesem Tage im Mai, als Sarah die herannahenden Wolkenungetüme durch das Küchenfenster beobachtete, überzogen Sorgenfalten ihre sonst glatte Stirn. Dabei war in der Vorhersage von Sturm oder Gewitter keine Rede gewesen.

Tim hatte sich tiefer als gewohnt in den Wald hineingewagt. Auf einer umgefallenen Buche sitzend, blätterte er in einem Bestimmungsbuch für Insekten. Ein rötlichbrauner Käfer, der zu seinen Füßen eifrig im Laub wühlte, fesselte seine Aufmerksamkeit. So vertieft, bemerkte er nicht den auffrischenden Wind und ein Frösteln, welches langsam seine Beine emporkroch. Es wurde merklich dunkler, und als kleine Regentropfen sein Gesicht benetzten, blickte er auf. Durch eine Lücke im Blätterdach sah er eine riesige, blauschwarze Wolkenformation, die sich behäbig über das Waldgebiet schob. Er würde es nicht mehr bis nach Hause schaffen. Prüfend sah er sich um, wo er Schutz finden könne. So steuerte er geradewegs auf eine große Parzelle zu, eine vergessene Fichtenschonung, die unter hohen Buchen, die sie längst überwachsen hatten, ein kümmerliches Dasein fristete. Die niedrigen Stämme standen dicht an dicht, hier und dort eine Lücke lassend. Unter ihnen war es unheimlich düster. Trockene abgestorbene Äste bespickten die schlanken Stämme, braune Nadeln und Stöckchen übersäten den Boden. Gebückt kroch er tief hinein, bis er eine Stelle fand, die zum Verweilen einlud. Er brach verdorrte Äste ab, scharrte trockene Nadeln locker zusammen und schuf sich einen kleinen Lagerplatz. Den Rucksack als Kopfkissen nutzend, legte er sich hin und sog den würzigen Waldduft ein. Über ihm das dichte Fichtengestrüpp, darüber das weitausladende Kronendach der Buchen. Ein Fichtenzimmer im Buchenhaus, dachte er. Eine Stunde höchstens, dann ist der Sturm vorbei. Er kam ins Grübeln. Wahrscheinlich ist das hier so ein Ort, wo sich das scheue Wild versteckt. Er setzte sich kurz auf und blickte sich um. Überall knackte und knarrte es, über ihm fuhren erste Windstöße durch die vertrockneten Fichtenkronen, doch war kein Tier zu sehen. Vielleicht haben sie mich gewittert? Er legte sich wieder hin und verschränkte die Arme hinter dem Kopf. Rehe sind keine nachtaktiven Tiere, wie alle meinen, dachte er. Sie lieben das Licht und saftige Wiesen. Und die Jäger mögen ihr saftiges Fleisch. Nein, überlegte er, ich werde nie ein Waldtier essen wollen, sowieso gar keine Tiere! Aber Wölfe fressen auch Rehe. Und hat nicht Förster Eberstrauch erzählt, er hätte einen Wolf hier gesehen, so vor einem halben Jahr? Nein, ich habe keine Angst, wenn er jetzt zufällig käme. Fast keine. Keiler können auch gefährlich werden. Aber ich liege ja nur hier und rühre mich nicht. Sie werden merken, daß ich keine Gefahr bin. Aber wenn der Wolf hungrig ist? Immerhin ist er ein Raubtier.

Während Tim diesen Gedanken nachhing, kam das Gewitter in vollen Gang. Der Wind fegte wie ein Besen durch die Buchenwipfel, die Stämme bogen sich knarrend, um mit Wucht zurückzufedern. Krachend fielen unter dem Heulen des Sturms Totäste zu Boden. Langsam ging das Tosen und Brausen, welches in der Fichtenschonung abgedämpft an seine Ohren kam, in ein monotones, allmählich einschläferndes Geräusch über. Doch jäh wurde er durch ein Schnauben und Grunzen aus seinem Dösen geweckt. Erschrocken riß er die Augen auf und sah einen mächtigen Keiler, der direkt neben ihm stand und an ihm zu schnuppern begann. Bloß jetzt nicht rühren, Tim, totstellen! Er schloß die Augen, preßte die Lippen aufeinander und stellte sich starr. Nichts geschah. Tim blinzelte verhalten zu dem Keiler auf. Das Wildschwein starrte ihn unschlüssig an. Ob es merkte, daß er vor Angst zitterte? Und sein Herz, pochte es nicht so laut, daß jeder es hören mußte? Das Tier schüttelte den struppigen Kopf, grunzte mehrmals laut, als wolle es etwas mitteilen, trat ein paar Schritte rückwärts, drehte nach links ab und zog im Bogen um Tim herum weiter seines Weges.

Oh je, dachte Tim, Glück gehabt! Er setzte sich auf, sein Herz pochte noch immer. Wie lange wird der Sturm noch dauern? Er schaute besorgt nach oben. Die dürren Äste knarrten und knirschten. Ihn fröstelte und er schlang die Arme schützend um seine Beine. Er wollte nach Hause.

Kurz bevor das große Sturmesbrausen anfing, weideten auf einer kleinen Lichtung unmittelbar hinter der Fichtenschonung zwei junge Rehe. Ein männliches und ein weibliches Tier, Zwillinge, die von Geburt an unzertrennlich waren.
Jetzt hoben sie die Köpfe und hielten ihre Nasen in den auffrischenden Wind. Es roch nach Regen, die Luft schien feucht. Um sie herum hatte das Geflirre und Gesumse aufgehört, die Insekten flogen oder krabbelten ins dichte Unterholz. Die Atmosphäre war seltsam aufgeladen, die Luft voller Spannung. Dunkle Wolkenmassen schoben sich über die Lichtung. Da fegte eine Windböe über sie und zauste ihr Fell. Das weibliche Reh signalisierte ihrem Bruder, sofort ins Dickicht zu springen, doch er reagierte nicht, sondern fing an, den Kopf senkend, gegen den Wind anzurennen. Er sprang wild über die Lichtung, schlug Haken, machte Bocksprünge und stieß mit seinem kleinen Gehörn auf den unsichtbaren Gegner ein. Als der Himmel seine Schleusen öffnete und es wie aus Eimern goß, wuchs seine Angriffslust noch mehr. Er parierte den regengepeitschten Windstößen mit Lust, ersann Finten und Paraden und kreiste heftig um die eigene Achse.
In diesem Moment zerteilte ein gewaltiger Blitz den Himmel und schoß mit lautem Getöse hinab auf eine große Eiche am Lichtungsrand. Der Himmel hatte ge-

nug von den Allüren des kleinen Bockes, der wie ein Hündchen wild kläffend um den großen Löwen sprang. Der Strahl zerstob am dicken Stamm in hundert Lichtblitze, die die gesamte Lichtung und darüber hinaus das ganze Waldgebiet in ein helles, gleißendes Licht tauchten. Auch die Rehe leuchteten kurz auf, dann sanken sie zu Boden. Um sie herum pulsierte die Vegetation in hellem Licht. Sonderbarer Weise war nichts verbrannt. Auch die alte Eiche stand völlig unbeschadet.

Das Unwetter war jäh zu Ende, der Himmel wieder blau und klar, gerade so, als wäre nichts geschehen.

Tim, der mittlerweile vor Kälte zitternd und müde in der Fichtenschonung saß, schreckte auf, als der Blitz mit ohrenbetäubendem Donner an der Eiche zerschellte. Es rumste noch ein bißchen, dann war alles still.

Er schaute sich um. Was war das für ein heller Fleck, der ihm durch das braune Gestrüpp entgegenschien und langsam erlosch? Er raffte sich auf, band seinen Rucksack um und kroch langsam und neugierig auf die Erscheinung zu. Er erreichte die kleine Lichtung und staunte, als er dort zwei Rehe im Gras liegen sah. Mit einem Sprung war er bei ihnen. Sind sie tot? Nein, sie atmeten. Und schon hob das eine Reh, dann das andere den Kopf, sie schauten Tim verwundert an:

„Was ist passiert?“, fragte der kleine Rehbock.

„Ich habe euch hier liegen sehen und fürchtete, ihr wäret tot“, antwortete Tim unbefangen.

Die Rehe sprangen auf ihre schlanken Beine, immer noch benommen vom gerade Erlebten, dem Unwetter

und dem Blitz, der an der mächtigen Eiche ganz in ihrer Nähe hinabgefahren war.
„Wir haben dich vorhin auf dem Baumstamm sitzen gesehen. Wir haben dich beobachtet. Du bist oft im Wald. Und gewachsen bist du!“, sagte die Ricke und betrachtete Tim vom Scheitel bis zur Sohle.
Er sah verblüfft an sich hinab, und tatsächlich, die Hosenbeine endeten eine Handbreit über den Schuhen. War er tatsächlich gewachsen? Mehrere Zentimeter? Wie konnte das möglich sein? „Das ist ein Ding!“, sagte er verwundert und schaute die Tiere ungläubig an.
„Und du sprichst mit uns!“ sagte der Rehbock, „das ist neu, das gab es im Wald noch nie!“
„Doch, meine Mutter hat mir Geschichten vorgelesen, als ich noch klein war. Von einem Jungen, der mit einem Bären sprach und einem Panther.“
„Solcherart Geschichten kennen wir auch“, sagte die Ricke, „doch fehlen jetzt die Alten, die sie bewahren und weitererzählen.“
“Ich weiß, Abschüsse, Platz- und Futtermangel, Krankheiten, die ihr früher nicht kanntet“, nickte Tim bedenklich.
„Es wird immer ungemütlicher für uns“, erzählte die Ricke, „ wir denken daran, fortzuziehen.“
„Wo wollt ihr denn hin?“, fragte Tim.
„Das wissen wir noch nicht“, antwortete das Reh.
Tim kratzte sich am Kopf und sah die Tiere nachdenklich an. Dann sagte er: „Und nun dieser Blitz. Wer weiß,

wozu das alles gut ist. Übrigens, ich bin Tim. Habt ihr auch Namen?"
„Ich bin Elfi. Mein Bruder heißt Tristan", antwortete die Ricke. „Wir sind Waisen. Ein Jäger erschoß unsere Mutter, als wir noch klein waren. Wir wären verhungert, hätte eine Tante sich nicht gekümmert."
„Wir dürfen hier nicht in Frieden leben", seufzte Tristan, „aber weggehen sollen wir auch nicht!"
Tim verstand. „Seid ihr zu viele, freßt ihr die jungen Triebe von den Bäumen. Bleibt ihr weg, haben die Jäger nichts mehr zu schießen. Darum werdet ihr reguliert."
„Was bedeutet, wir werden reguliert?", empörte sich Elfi, „du meinst, unsere Zahl wird reguliert. Und wer reguliert die Menschen? Wie eine Heuschreckenplage verwüsten sie das Land und vermehren sich so schnell, daß kein Grashalm mehr wächst!"
Tims Stirn bewölkte sich, denn schließlich gehörte er selbst zur angeprangerten Sippe.
„Ihr seid nicht alle gleich", milderte Tristan seine Aussage ab, „wir kennen dich. Dann kennen wir noch einige, die hier herumstreifen. Es sind die Naturfreunde. Doch sind es nur wenige."

Inzwischen fing es an zu dämmern. Die Sonne versank hinter dem westlichen Waldhügel und überzog die Landschaft mit einem rosigen Schimmer.
Tims Eltern saßen beim Abendbrot. „Tim wird bald zuhause sein", versicherte Peter kauend. „Wie ich ihn kenne, hat er Unterschlupf gefunden."

Sarah nickte: „Nur seltsam, daß es keine Gewitterwarnung gab.“
Da hörten sie eilige Schritte, die Tür flog auf und Tim stand in der Küche. Seine pausbäckigen Wangen und die leicht abstehenden Ohren waren gerötet, sein struppiges Haar voller brauner Nadeln, die Stirn schweißbedeckt. Mit einem Wortschwall erzählte er vom Sturm, dem Versteck, von der Begegnung mit dem Wildschwein und dem Blitz, der in die Eiche schlug. Doch von den Rehen im Wald schwieg er. Als er sich sattgegessen hatte, fing er an zu gähnen und verzog sich in sein Zimmer.
Obwohl müde und erschöpft, ließen die Ereignisse den Jungen nicht zur Ruhe kommen. Er setzte sich an seinen Schreibtisch und notierte das Erlebte in sein Tagebuch. Da kratzte es wieder an der Scheibe. Er stand auf und öffnete das Fenster. Das Eichhörnchen flitzte in sein Zimmer, drehte freudig ein paar Runden und blieb dann halb aufgerichtet auf dem Teppich sitzen, den Jungen neugierig anschauend.
„Tim?“, fragte es unsicher.
„Eichhörnchen“, antwortete er lächelnd, setzte sich neben das zierliche Tierchen auf den Boden und kraulte es zwischen den Ohren. Es schmiegte sich an ihn und schaute dann zu ihm hoch. „Tim, der Rabe, der auf dem Plateau wohnt, hat euch beobachtet, nach dem Blitz, dich und die Rehe und hat uns allen davon erzählt.“
„Na, so ein Plapperschnabel“, sagte Tim, „dann wißt ihr ja alle Bescheid.“

„Es ist ein Wunder. Jedes Tier kann sich mit dem anderen unterhalten. Und mit dir klappt das auch."
„Ich bin wohl der einzige Mensch, der das weiß", erwiderte Tim, „ob das gut geht, wenn andere es auch wissen?"
Die Stirn des Eichhörnchens kräuselte sich. „Wir Tiere sind nicht dumm. Wir werden uns hüten, etwas zu sagen. Aber Tim, was hat das für einen Sinn, das mit der Sprache?"
„Mein Gefühl sagt mir, daß große Dinge geschehen werden", antwortete Tim.
„Dein Instinkt sagt es. Und bitte, erzähle deinen Eltern nichts darüber, noch nicht."
„Versprochen, Eichhörnchen", erwiderte Tim, „aber es wird nicht lange dauern, bis sie uns auf die Schliche kommen."
„Gute Nacht", sagte das Eichhörnchen, hüpfte durchs Fenster, drehte sich noch einmal um, winkte mit seinen kurzen Ärmchen und verschwand in der Dunkelheit.

Am nächsten Morgen, als er aufwachte, fühlte er sich wie gerädert. Denn während er schlief, arbeitete sich sein Gehirn kräftig an dem Erlebten ab und erzeugte Traumbilder, deren Kraft und Farbigkeit die Realität zu übertreffen suchten.
Er sah einen mächtigen Riesen mit grimmiger Miene durch den Wald stampfen, der mit einer großen Keule nach jeder Seite ausschlug und die Bäume abrasierte. Hier und dort traf er auch Tiere, die von der Wucht des

Schlages fortgeschleudert wurden. Tim, der auf einmal mitten im Geschehen stand, wollte fliehen, aber er war erstarrt. Schnell kamen die beiden Rehe zu Hilfe, das eine hob Tim auf das andere und sie preschten zu dritt davon. Als er sich auf der Flucht umblickte, sah er einen großen Schatten herannahen, eine seltsame Wolkenformation oder vielleicht ein unbekanntes Flugobjekt, das konnte er nicht genau unterscheiden. Die Formation blieb direkt über dem Kopf des Ungeheuers stehen und senkte sich dann langsam ab. Der Riese schaute nach oben, fluchte fürchterlich und schlug mit seiner Keule nach ihr, doch sie wich mit elegantem Schwunge nach links und rechts aus. Dann schoß es aus der Wolke oder dem Schatten oder dem Flugobjekt, es knallte fürchterlich, der Riese brüllte vor Schmerzen, bevor er in tausend Teile zerbarst. Und diese tausend Teile, dachte Tim, fingen sie nicht an, sich zu bewegen und herumzukrabbeln? Sahen sie nicht aus wie unzählige kleine Menschlein, die nun wie verschreckte Ameisen schnell das Weite suchten oder sich in den Sträuchern und hinter abgehauenen Baumstümpfen versteckten?
Er wachte auf. Verwirrt blickte er sich um, er lag in seinem Bett. Es war nur ein Traum. Doch bevor dieser in seiner Erinnerung verschwand, notierte er ihn noch schnell in sein Tagebuch. Erst als er nach der Schule wieder am Mittagstisch saß, war das Grauen dieses Traumes verblaßt.

Seinen Eltern war nicht entgangen, daß in Tim etwas vorging. Auch fiel ihnen auf, daß ihr Sohn gewachsen war.
„Nun“, meinte der Vater, „in dem Alter schießen die Burschen manchmal über Nacht in die Höhe. Das war bei mir nicht anders.“
Am Nachmittag fragte Tim, ob was anliege oder ob er, wie gewohnt, in seinen Wald gehen könne.
„Was hältst du davon, wenn ich dich begleite?“, fragte Sarah, „und du zeigst mir dein Versteck?“
Tim, der auf dem Boden hockte, um seine Schnürsenkel zu binden, hielt kurz inne und runzelte die Stirn. Dann blickte er hoch zu seiner Mutter, verzog den Mund und sprach:
„Ich möchte aber zu dem großen Tümpel im Seitental. Wo es die Prachtlibellen gibt. Dort wimmelt es von glitschigen Tieren und Stechmücken. Dich ekelt doch davor.“
„Stimmt“, erwiderte sie, „dieses dunkle trübe Gewässer ist mir nicht geheuer. Dort gibt es auch Aale?“
„Schon lange nicht mehr, aber Frösche sind noch da“, erwiderte Tim, „und gelegentlich schwimmt da auch eine Ringelnatter.“
„Nun, dann ziehe lieber alleine los“, verstand Sarah, „aber pflücke bitte einige Kräuter fürs Abendbrot.“
Tim machte sich auf den Weg. Sein Eichhörnchen sprang ihm nach und hüpfte unauffällig am Wegesrand entlang, hier und da einen Baum hinauf- und wieder hinunterflitzend.

Als die beiden in die Fichtenschonung eindrangen, warteten die Rehe schon voller Ungeduld. Sie hatten aufregende Dinge erlebt, seit Tim sie gestern verlassen hatte.
„Beim Aufsuchen unseres Nachtlagers begegneten wir einem Fuchs“, berichtete Elfi, „der schien verwirrt und lief im Kreise rum. Als er uns sah, schreckte er auf. Wir fragten, was mit ihm sei. Der Fuchs zitterte am ganzen Körper. Er sagte: ‚Vorhin, als ich hungrig eine erbeutete Maus zwischen meinen Pfoten hielt, gerade, als ich hineinbeißen wollte, flehte die Maus herzzerreißend um ihr Leben. Ich ließ sie los, sie dankte und flitzte in den nächsten Busch.‘“
„Wir lachten“, fuhr Tristan fort, „doch das machte ihn wütend und er rief: ‚Ich kann keine Maus essen, die mit mir spricht und um ihr Leben fleht! Ich muß nun jämmerlich verhungern!‘ Doch wir trösteten ihn, denn wir essen ja auch keine Mäuse und trotzdem leben wir. Er beruhigte sich und fragte, ob wir wüßten, warum den Tieren nun eine gemeinsame Sprache gegeben sei. Wir erwähnten den Blitz und daß es seitdem so wäre.“
„Und als wir so plauderten“, unterbrach ihn Elfi, „kroch ein Igel heran, gefolgt von einigen Hasen. Eichhörnchen hüpften die langen Baumstämme herab. Auf einem größeren Ast, direkt über uns, plazierten sich eine Schleiereule und ein Buntspecht dicht nebeneinander, als seien sie Freunde, und hörten neugierig zu. Auch ein alter Keiler (es war übrigens derselbe, dem Tim in der Fichtenschonung begegnet war) schlurfte grunzend heran,

gefolgt von einem Dachs. Nach und nach fanden sich noch andere Tiere ein."

Als Tim diese Dinge vernahm, röteten sich seine Wangen vor Aufregung.

„Und wie ging es weiter?", fragte er und setzte sich auf den weichen Waldboden. Sogleich hopste sein Eichhörnchen auf seinen Schoß und musterte neugierig die Rehe, die es sich ebenfalls bequem gemacht hatten, indem sie erst vorne, dann hinten einknickten.

„Nun", fuhr Tristan fort, „der alte Keiler, Leo heißt er, meinte, das Unwetter habe am natürlichen Lauf der Dinge gedreht, wir müßten abwarten, was weiter geschieht. Wir erwähnten übrigens auch, daß wir uns heute hier treffen."

Und schon knackte es im Geäst, vorsichtig schlich ein Fuchs heran, Tim mit argwöhnischem Blicke musternd.

„Komm, Fuchs", rief Elfi, „hab keine Angst. Tim tut dir nichts."

„Von wegen Angst", knurrte er, „aber Vorsicht ist die Mutter der Porzellankiste."

Kaum saß der Fuchs, der sich Fritz nannte, als sie Tritte und ein Grunzen vernahmen. Keiler Leo erschien, im Gefolge weitere Waldtiere. Nach und nach schlich, hüpfte und flog alles herbei, was an dem vornächtlichen Disput teilgenommen haben mußte.

So gut es ging, richteten sie sich in der engen Fichtenschonung ein. Mit starken Schultern drückte der alte Keiler einige Stämmchen um und schob sie zur Seite, so daß ein geräumiger Platz entstand. Dann stellte er sich

in der Mitte auf, blickte in die Runde, grunzte einige Male laut und verschaffte sich Gehör.
„Wie ich letzte Nacht schon bemerkte“, fing er an, „sieht es so aus, als ob jemand am natürlichen Lauf der Dinge gedreht hat. Eine gemeinsame Sprache verbindet uns Tiere. Aber auch das Menschenkind, mit welchem ich vor dem Blitz schon Bekanntschaft machte, kann uns verstehen.“ Keiler Leo schwieg und zwinkerte Tim freundlich zu.
Der Junge, auf den sich nun alle Augen richteten, räusperte sich und erwiderte: „Bei uns gibt es Märchen und Geschichten, in denen Tiere mit Menschen sprechen. Dabei geht es meist um Gut und Böse und das Gute gewinnt oft am Schluß.“
Fuchs Fritz, der keine Mäuse und anderes Getier mehr verspeisen wollte, sprang neben den Keiler und rief aufgeregt: „Genauso wie in den Märchen und Geschichten ist es. Uns geschieht Böses. Sie wollen uns töten!“
Der Buntspecht, ein keckes Weibchen, welches neben der Eule saß, rief ironisch: „Und du, Meister Fuchs, wieviele Mäuse und Vögel hast du um die Ecke gebracht?“
Der Fuchs schwieg verlegen.
„In der Natur ist es so“, erklärte Tristan „daß Lebewesen einander jagen und töten. Niemand weiß, warum. Doch wurden wir ausgerüstet und bewehrt. Wir Rehe und Hirsche sind schnelle Springer, das Wildschwein hat gewaltige Eckzähne, der Fuchs ist schlau, der Vogel mit Flügeln beschwingt.“

„Nur der Mensch mit seinem Gewehr, seinen Fallen und Tricks, seiner Gier und Mordlust – dagegen ist schwer anzukommen“, erwiderte Elfi seufzend, „darum haben wir Rehe und Hirsche überlegt, von hier wegzuziehen.“

„Doch wohin?“, fragte Fuchs Fritz, „sie sind doch überall!“

Keiler Leo schob den Fuchs sanft auf seinen Platz zurück und sagte: „Sie jagen und töten uns. Und sie rauben uns den Wald. Die Häuser kommen immer näher und die Ackerflächen. Wir leiden Hunger, auch wenn die Jäger uns über den Winter zu mästen versuchen.“

„Doch kaum aus Tierliebe“, warf Elfi ein, „wir sollen aus dem einzigen Grund überwintern, damit sie immer etwas zu schießen haben!“

„Und schlimmer noch“, rief ein Dachs erregt dazwischen, „den Wald durchstöbern sie bis in den letzten Winkel, kein Versteck oder Bau ist vor ihnen sicher!“

Empörung machte sich Luft und lautes Schimpfen.

„Wir wehren uns!“, rief auf einmal Fuchs Fritz, „denn unnütze Zweibeiner, im Grunde nackt und hilflos, machen mit uns, was sie gerade wollen!“

Die Tiere blickten sich gegenseitig an, ein Raunen und Gemurmel entstand. Am Ende redeten alle laut durcheinander, bis seltsame Geräusche, die von der Lichtung her kamen, sie augenblicklich aufhorchen und verstummen ließen. Es raschelte, Äste knackten, jemand fluchte fürchterlich:

„Was ist das für ein Radau hier … mist Nadeln, muß das denn so pieksen ... Aua! ... mist Wald! … nirgends Ruhe

… denen werde ich die Kalamiten lesen … viel zu düster hier … Sapperment nochmal!“
Die Tiere schauten verwundert, als aus dem Dickicht eine buntgescheckte, verwildert aussehende Ente auf sie zuwatschelte. Den Hals nach vorne gestreckt, die Schwingen geziert abgespreizt, hob sie einen Fuß nach dem anderen so umständlich in die Höhe, als schreite sie über Baumstämme. Sie entdeckte die Gruppe, reckte den Hals schräg nach oben, blickte hochmütig in die Runde und fing an, wie ein Rohrspatz zu schimpfen: „Potz Blitz! Was soll das hier? Was macht ihr für einen Radau, ihr Barbaren! Wir sind hier im Wald und nicht auf dem Marktplatz!“ Sie schaute mürrisch um sich. „Und wie das hier aussieht! Alles kaputt, knochentrocken. Wer ist der Chef hier?“
Niemand rührte sich. Nur Keiler Leo fühlte sich angesprochen: „Erst sage, was du hier treibst. Du bist eine Ente. Du gehörst ans Ufer und auf das Wasser, nicht in den Wald.“
„Gut gesprochen, Freund und Kupferstecher“, erwiderte schroff die Ente. „Wasser und Ufer, da gehöre ich hin. Doch Wasser und Ufer haben mir die Halunken verdorben! Und bei denen geht’s nicht ohne Radau. Den ganzen Tag Radau! Ich werde noch wahnsinnig!“
Die Ente war so wütend, daß ihr Tränen in die Augen schossen. Mit beiden Schwingen zugleich wischte sie diese weg, seufzte und versuchte sich hinzupflanzen, indem sie, mit dem Hinterteil hin- und herschwenkend

und die Nadeln beiseiteschiebend, eine Mulde im weichen Waldboden schaffte.
Tim fühlte Mitleid, denn er wußte, wovon die Ente sprach. Die Mosel, die durch Moselstadt floß, war teilweise an den Ufern mit Enten, Gänsen, Schwänen, aber auch Tauben und Raben bevölkert. Sie lebten dort inmitten von Abfällen, umgeben von Autolärm. Doch war ihm nie aufgefallen, daß es die Vögel vertrieben hätte. So nahm er an, daß bei dieser Ente das Faß voll war und ihre Hörnerven vor dem Lärm kapitulierten. Er kannte das von seiner Mutter, die kaum mehr in die Stadt ging, weil sie den hohen Geräuschpegel nicht mehr ertrug.
„Wie lange bist du schon im Wald?“, fragte Keiler Leo.
„Weiß nicht, ein paar Wochen“, antwortete die Ente, „dahinten auf der Lichtung ist meine Wohnung, im sicheren, wenn auch dornigen Brombeergestrüpp. Als es blitzte und krachte, als wäre der jüngste Tag im Anmarsch, fiel ich vor Schreck in Ohnmacht. Als ich aufwachte, zankte sich ein Meisenpaar direkt über mir im Gestrüpp. Wie die Kesselflicker! Als ich rief, sie sollen den Schnabel halten, und sie mir in Entendeutsch zurückriefen, das gehe mich nichts an, ging mir langsam ein Licht auf!“
Die Ente schüttelte verwundert den hübschen Kopf.
„Der Blitz hat alles verändert“, erklärte Leo, „und Tim, unser Menschenjunges hier, meinte, es könne bedeuten, daß ein Unrecht beseitigt werden soll. Vielleicht werden wir bald von der Tyrannei des Menschen befreit.“

Die Ente sprang erregt wieder auf: „Es wird auch Zeit, daß einer auf den Tisch haut und den Halunken zeigt, wo der Haken hängt! Aber zuerst wird der Radau abgeschafft! Wir legen die Autos lahm, die Züge, und die Metallvögel in der Luft schießen wir ab! Auch den Unrat, den sie achtlos um sich werfen, sammeln wir ein und schmeißen den Lumpen alles vor die Haustür. Die ganzen Glasscherben! Von der Brücke aus werfen sie die Flaschen runter, die an den Steinen in tausend Splitter zerbersten. Hier, seht“, die Ente hob erst ihren linken, dann den rechten Fuß, „die Narben! Und hier–“, sie stellte ihren Fuß wieder ab, drehte sich um, bückte sich, schwenkte ihren Bürzel hoch in die Luft und zeigte mit der linken Schwingenspitze auf einige kahle Stellen am Hinterteil: „Da, Kameraden, und dort, da wächst kein Kraut mehr!“

Ein betretenes Schweigen entstand, unterbrochen von vereinzeltem Kichern.

Tim jedoch nickte der Ente anerkennend zu und rief: „Die Idee mit dem Müll ist ausgezeichnet! In der Stadt räumen sie täglich auf. Aber im Wald, an den Böschungen, an den Ufern – mittlerweile gibt es mehr bunte Plastikteile als blühende Kräuter! Wenn ihr das alles einsammelt und denen vor die Füße schmeißt, was werden die Augen machen!“

Die Tiere schauten erstaunt ihn, dann die Ente an, bevor sie laut Beifall spendeten.

Da meldete sich ein Dachs: „Und die ganzen Fallen, die sammeln wir ebenfalls ein und –"

„ ... lassen die Jäger hineintappen!“ rief begeistert der Fuchs. „Ich kenne den schlimmsten von denen, sie rufen ihn Hubert. Ich weiß, wo er wohnt. Dem stellen wir seine Fallen aufgespannt in den Garten, dann wird er sehen, daß so ein blutiger und zermatschter Fuß nicht lustig ist!“

„Aber eins nach dem anderen!“, versetzte Keiler Leo, „wir brauchen einen Plan. Schritt eins, Schritt zwei und so weiter.“

Die Tiere kamen in Fahrt und jedes hatte Ideen, wie man sich gegen die Herrschaft des Menschen wehren könne. Tim lauschte neugierig und kritzelte unentwegt etwas in sein Notizbuch. Und später, als der Junge schon schlief und ein Traum ihn beschäftigte, war längst ein konkreter Plan entstanden, den sie in derselben Nacht noch in die Tat umzusetzen gedachten.

3. Kapitel
Der Müllanschlag auf die Stadt

Die ersten Sonnenstrahlen schienen schräg in Tims Zimmer. Blinzelnd erwachte er. Draußen auf der Fensterbank saß still sein Eichhörnchen und wartete geduldig, bis sich im Zimmer etwas regte. Tim stand auf und öffnete das Fenster. Frische, kühle Luft strömte herein, das kleine Tier sprang auf seine Schulter.

„Guten Morgen, Tim", sagte es heiter, „heute wird ein schöner Tag. Und lustig wird er!"

Es hatte den Kopf schiefgelegt und sah Tom verheißungsvoll an.

„Ja", antwortete er gähnend, „ich und Vater, wir wollen mit dem Zug nach Koblenz. Wir machen einen Ausflug, das wird bestimmt lustig."

„Dann wünsche ich euch viel Glück!", sagte es und hopste vergnügt auf dem Boden herum.

„Wir wollen ins Arboretum. Weißt du, da gibt es alte, riesige Bäume, du würdest staunen! Aber wieso wünschst du uns viel Glück?"

„Einfach so", erwiderte es geheimnisvoll, gab Tim noch einen freundschaftlichen Stupser und huschte nach draußen.

Sein Vater hatte schon frischen Tee aufgebrüht und Brötchen gebacken. Die Mutter ließen sie schlafen. Kaum hatten sie das Haus verlassen, fiel ihnen auf, wieviel Unrat auf der Straße und dem Gehsteig verteilt herumlag. In der Ferne hörten sie Hupen und Sirenen. Als sie auf die Kölnerstraße abbogen, waren sie fassungslos.

Unzählige Flaschen, Glasscherben, verrostete Dosen und Fahrräder, Verpackungen, Plastiktüten, Kanister, Essensreste und was sonst noch tagtäglich von den Bewohnern achtlos in die Natur geworfen wurde, machten ein Befahren der Straßen unmöglich. Trotzdem wälzte, wie jeden Morgen, der Berufsverkehr heran. Doch die Masse ignorierte den Straßenzustand und versuchte, um größere Hindernisse herumzukurven. Platte Reifen, verbeulte und geschrammte Karosserien brachten den Verkehr schließlich zum Erliegen. Das wohl hatte sein Eichhörnchen mit lustig gemeint!

Überall standen Leute herum, manche empört schimpfend, andere sprachlos. Vater und Sohn hatten Mühe, einen Fuß vor den anderen zu setzen. Auf den Boden schauend, immer wieder dem Unrat ausweichend, erreichten sie die Römerbrücke, die über die Mosel zur Innenstadt führte. Etliche Autos und große Lastwagen standen kreuz und quer, auch hier die Reifen platt. Sie blieben an der Bushaltestelle stehen, Tim schaute sich befriedigt um und lächelte. Sie hatten ganze Arbeit geleistet!

„Ich frage mich, wo der ganze Abfall herkommt“, sagte Tims Vater, der erstaunt um sich blickte. „Vielleicht aus dem Umfeld der Stadt“, antwortete Tim, „du weißt doch, daß überall die Böschungen und Halden als Müllkippe dienen. Auch vor dem Wald haben sie keinen Respekt. Und schau die Mosel selbst. Die ist voller Plastikmüll, und jedes Jahr, wenn das Hochwasser zurückgeht,

sehen die Büsche aus wie Weihnachtsbäume, bunt behangen mit Plastikschmuck."
„Dann ist das hier ein Anschlag, wenn ich mich nicht täusche", erwiderte der Vater, „ein Umweltanschlag sozusagen. Von Umweltterroristen."
"Die Umweltterroristen sind eher die Moselstädter", antwortete Tim.
„Aber, wenn man die Folgen bedenkt", überlegte der Vater, „so eine Stadtreinigung ist teuer. Die Täter werden zahlen müssen."
„Wenn sie erwischt werden", sagte Tim.
„Natürlich werden die erwischt", erklärte Peter, „das ist bei Terroranschlägen selbstverständlich. Am nächsten Tag schon sitzen die Schuldigen im Gefängnis. Oder werden bei einem Schußwechsel getötet."
Tim mußte lächeln. Sein Vater sah ihn scharf von der Seite an: „Du hast aber damit nichts zu tun, oder?", fragte er schmunzelnd.
„Nein", erwiderte Tim, „ich war die ganze Nacht in meinem Bett, wie du weißt."
„Woher weiß ich, ob du die Nacht in deinem Bett warst?" Denn gelegentlich schlaflos, war ihm nicht entgangen, daß Tim hin und wieder in der Frühe ausbüchste, vermutlich um Rehe im Morgengrauen zu beobachten, und sich wieder heimschlich, ehe die Eltern aufstanden.
„Papa, sollen wir nicht besser umkehren? Vielleicht sind auch die Züge blockiert?"

„Nein, laß uns weitergehen. Wir schauen, was am Bahnhof los ist."
Die Brücke füllte sich mit immer mehr Menschen. Polizisten und Feuerwehrmänner waren im Einsatz. Sie kamen zu Fuß und gaben Kommandos.
Mit Müh und Not schritten Vater und Sohn vorwärts, gingen vorbei an den beschädigten Autos, immer aufpassend, daß sie nicht auf Hindernisse traten. Am Bahnhof angekommen, sahen sie, daß tatsächlich kein Zug fuhr.
Die Gleise waren blockiert, auf den Bahnsteigen wimmelte es von Menschen, die auf die Bahn schimpften. Vater und Sohn kamen aus dem Staunen nicht heraus, als sie neben anderem Unrat einen ausgedienten Kühlschrank, Fernseher, Schrankwände, Matratzen und Kisten auf den Gleisen liegen sahen. Wie sie das wohl geschafft haben, fragte sich Tim im Geheimen.
„Das ist ja ein Ding", staunte der Vater. Dann wandte er sich neugierig einer Frau zu, die auf dem Bahnsteig lautstark mit einem Mann debattierte.
„Das können nur die von der R.A.N.[4] gewesen sein,", sagte die rotgesichtige kräftige Frau.
„Klar waren die das", entgegnete der Mann, wendete sich kurz und spuckte auf den Bahnsteig, „die haben letzte Woche schon Krawall gemacht, bei der Demo auf dem Karlsmarkt."
„Daß die nichts dagegen tun", erwiderte die Frau und schüttelte den Kopf.

---

4 R.A.N.: Recht auf Natur; radikale Umweltschützer

Peter wußte von der Demonstration, hatte sich aber nicht weiter darum geschert, da Proteste mittlerweile fast täglich stattfanden. Es hatten sich seit Jahren allerlei Umweltgruppen gebildet, sich zerstritten, aufgelöst, wieder neu gefügt. So entstand auch die R.A.N., von allen die radikalste.
Und während die Umweltaktivisten mehr mit Unruhen in den eigenen Reihen als mit Naturschutz beschäftigt waren, träumte der damalige Bürgermeister davon, Moselstadt aufzupolieren. Er malte sich aus, wie schön es wäre, wenn seine alte Römerstadt zu einer Metropole heranwachsen würde. Und zwar am besten umweltfreundlich. Und, so argumentierte er, wie wolle man sinnvoll Klimaschutz betreiben ohne das nötige Geld, welches von Touristen und Neuansiedlern zu erwarten sei?
Ihm war schon bewußt, daß die geologischen Gegebenheiten die Stadt beschränkten, da Moselstadt in dieser schmalen Talsenke lag. Aber gab es nicht Parks, Gärten, Waldflächen, überwiegend westlich hinter der Stadt, dazu beachtliche Freiflächen am Moselufer, wo künstlerisch gestaltete Hochhäuser, exklusive Appartements und Supermärkte Eindruck machen würden? Konnte man nicht auch die Felsen am Nordhang weiter absprengen, um neuen Platz für noble Häuser mit Ausblick über das Moseltal zu schaffen?
Aber die Natur selbst machte dem Bürgermeister einen Strich durch die Rechnung. Im Frühjahr des Jahres 2022 regnete es über eine Woche in Strömen. Das Wasser

schoß die erodierten Hänge und Weinberge herab, nahm losen Boden und Geröll mit sich, so daß eine Schlammlawine die Häuser am Stadtrand fast ganz begrub. Die Kanalisation konnte das Wasser nicht mehr fassen, es quoll aus allen Kanälen, die Straßen glichen reißenden Bächen. Der Fluß selbst schwoll mächtig an, trat mit Gewalt über die Ufer und spottete Hochwasserschutz, Dämmen und Mauern. Es schien, als wolle die Mosel ihren einstmaligen Lebensraum zurückerobern und der Stadt zeigen, daß sie ein weiteres Zurückdrängen und Bebauen ihrer Ufer nicht mehr duldete.

Das Geschrei und der Schaden waren groß. So gingen die Moselstädter hin, den Kampf gegen ihre Mosel erneut aufzunehmen, den Fluß noch stärker denn je zu maßregeln, damit er nur ja nicht nochmal wage, über die Dämme zu treten. Die Hanglagen wurden aufgeforstet, um die Erosion zu bremsen.

All dies ging Peter durch den Kopf, als er mit seinem Sohn am Bahnhof stand und dem Gespräch der Bürger lauschte.

„Komm, laß uns nach Hause gehen", sagte er schließlich.

Da nun der Tag frei war und nichts anderes anstand, fragte Tim, ob er in den Wald dürfe. Er packte seinen Rucksack und machte sich auf. In der Fichtenschonung war niemand. Er ging auf die Lichtung, rief leise, ob jemand ihn höre, als er den hübschen Kopf der Ente aus dem Brombeergebüsch am Rande der Lichtung hervorlugen sah. „Ah, das gute Menschenkind!“, rief sie erfreut. Dann, vorsichtig nach links und rechts schauend, senkte sie die Stimme und flüsterte: „Komm, mach dich klein, du kannst ein Stück mit ins Gebüsch kriechen, hier ist Platz genug, aber sei leise. Vorhin gingen Leute hier vorbei, wir müssen vorsichtig sein.“

Tim kroch mit der Ente ins dichte Gebüsch, was nicht ohne Kratzer abging, rollte sich zusammen und befand sich mit ihr fast auf Augenhöhe. „Ich war heute morgen in der Stadt“, flüsterte er, „wie habt ihr das angestellt?“

Die Ente kicherte vor sich hin. „Ja, Donnerwetter, das war ein schönes Bubenstück, nicht wahr?“ Sie plusterte sich genüßlich auf und fuhr fort: „Meine Idee mit dem Müll hat alle beeindruckt. Bis Mitternacht stand der Plan, ruckzuck hatten wir ein großes Heer zusammen. Dafür sorgten schon allein die Vögel. Doch wir mußten aufpassen, denn auch nachts sind die Halunken unterwegs. So schlugen wir zwei Stunden vor Sonnenaufgang zu, als die meisten schliefen.“

„Und niemand hat euch gesehen?“, fragte Tim.

„Doch, aber die werden sagen, daß wir über den Abfall hergefallen sind wie Geier.“

„Und wie habt ihr die schweren Sachen transportiert? Ich sah einen Kühlschrank auf den Gleisen“, fragte Tim.

„Das waren wir nicht“, antwortete die Ente, „das waren Jugendliche, die im Bahnhäuschen gesessen und Feuerwasser getrunken hatten. Sie bekamen bald mit, daß hier und da kleinere Gegenstände auf die Gleise flogen, haben uns aber nicht gesehen. Und weil ihnen das gefiel, gerade Sperrmüll war und der Weingeist sie anfeuerte, schafften sie alles herbei, was sie finden konnten und ließen die Sachen auf die Gleise plumpsen. Wie die sich gefreut haben!“

„Das mit dem Sperrmüll und den Jugendlichen war Glückssache“, meinte Tim, „aber die Natur rundherum ist blitzeblank sauber! Ein seltener Anblick!“

„Sollen die Halunken an ihrem Unrat ersticken!“ rief sie darauf und fügte hämisch hinzu: „Hast du auch überall die Glasscherben gesehen? Die haben wir Vögel am Ufer gesammelt und auf den Gehsteigen.“

„Ja, und einige Autos mit platten Reifen standen da“, erwiderte Tim.

„Viel zu wenige“, murrte die Ente, „außerdem, wie kommt es, daß der liebe Gott den Halunken zwei Beine zum Laufen gab, und sie sitzen nur in diesen stinkenden Blechkisten? Aber psst, da ist wer!“

Sie lugte vorsichtig aus dem Gestrüpp. Tatsächlich streunte, die schnüffelnde Nase dicht am Boden, ein großer schwarzer Hund über die Lichtung. Schnell hatte er die Fährte der Ente aufgenommen und schoß auf das Brombeergebüsch zu, hielt aber jäh an, als eine schrille Stimme aus dem Gebüsch kreischte: „Platz, du lausiger Köter, oder es setzt was!“ Irritiert setzte sich der Hund sofort hin und rührte sich nicht vom Fleck.

„Was willst du hier?“ fragte die schrille Stimme weiter.

„Ich ... ich“, stotterte der Hund, „ich roch eine Entenspur, da wollte ich ... ich wollte nur nachschauen ...“

„Du Gauner wolltest die Ente fressen!“

„Aber nein. Ich esse keine Enten, die schmecken fad.“
„Du lügst!“ kam es aus dem Gebüsch.
„Nein!“, rief der Hund empört, „ich finde Enten widerlich! Trocken und blutarm ist ihr Fleisch, ganz ohne Saft und Kraft! Da könnt ich ebenso gut in den trockenen Sandstein beißen!“
„Unerhört!“, schrie die Ente, „bei den Menschen sind wir eine Delikatesse! Von wegen ohne Saft und Kraft!“
„Komm doch heraus, damit wir uns von Angesicht zu Angesicht unterhalten können“, sagte der Hund, „oder sind Enten feige, wenn kein Dornengebüsch sie schützt?“
„Von wegen feige!“, murmelte die Ente und kam vorsichtig heraus, die Schwingen in Drohgebärde abgespreizt, den Hals vorgestreckt, bereit, jederzeit zuzuschnappen. Der Hund schaute amüsiert auf die kleine Gestalt, die in kriegerischer Pose in weitem Bogen um ihn herumwatschelte und ihn scharf musterte. Dann ging sie zum Gebüsch zurück und rief Tim zu: „Komm raus, Junge, alles im Griff. Der Köter soll mal wagen, uns ans Gefieder zu wollen!“
Tim kroch aus dem Brombeergestrüpp. Schnell erkannte er den Hund, der einem Mann aus der fernen Nachbarschaft gehörte, und sagte: „Ich kenne dich. Aber du bist mir nie geheuer gewesen, so groß und schwarz.“
Der Hund lachte: „Gestatten, ich bin Felix, der allseits gefürchtete Hund, der nicht ohne Maulkorb luftschnappen darf.“

„Wieso Maulkorb? Hast du etwa einen von den Halunken gebissen?“, fragte die Ente neugierig.
„Einen kleinen Halunken, direkt in den Hosenboden“, antwortete der Hund, „ich bin eigentlich sehr gutmütig, aber wenn Kinder meinen, sie können mich traktieren wie ein Plüschtier, welches ohne Gefühl ist, so haben sie sich getäuscht.“
„Da hast du recht getan, mein Freund und Kupferstecher!“, rief die Ente anerkennend.
„Aber nun läufst du frei herum, ohne Maulkorb“, sagte Tim.
„Ich bin ein Flüchtling“, antwortete der Hund, „ein entlaufener Sklave, wenn du so willst.“
„Aber sie werden dich suchen!“
„Sie werden mich nicht finden. Ich habe Unterschlupf gefunden in einer zerfallenen Hütte, unten im alten Steinbruch, wo kein Mensch sich hintraut. Die Hütte steht zwischen steilen Felsen und ist überwuchert mit Gestrüpp.“
„Dort war ich noch nie“, sagte Tim, „die Leute warnen, es sei gefährlich dort.“
„Das ist es auch“, erwiderte der Hund, „und du würdest staunen, wieviele Tiere dort leben! Übrigens war ich in der Nacht mit den anderen unterwegs.“
„Du warst beim Anschlag mit dabei?“
„Ja, das war ich. Wir stellten eine Falle auf, bei Jäger Hubert auf der Wiese. Bei dir um die Ecke, Tim. Der Fuchs hält gerade jetzt dort Wache. Sobald Hubert die Terrasse betritt, wird er sich vor ihm aufführen und ver-

rückt spielen, so daß der Taugenichts denkt, er sei tollwütig. Hubert wird die Flinte holen und auf ihn schießen wollen. Mit etwas Glück wird er in die Falle tappen."

„Auge um Auge, Fuß um Fuß", rief die Ente, „wer nicht hört, muß fühlen!"

Plötzlich gewahrten sie eine Gruppe Spaziergänger, die sich näherte.

„Nichts wie weg", flüsterte die Ente, „wir sehen uns morgen!" Und, schwupp, verschwand sie in ihrer dornigen Behausung.

„Nun denn, bis morgen", sagte der Hund und bewegte sich gemütlich trabend auf den Wald zu. Auch Tim machte sich auf den Weg. Zuhause angekommen, fragte er seinen Vater, ob es neues gäbe. Peter nickte.

„Sie haben die Stadt gesäubert. In den Nachrichten kam, daß mutmaßlich radikale Umweltaktivisten uns das eingebrockt hätten."

Sie saßen in der Küche. Sarah, die Schürze um die schlanke Taille gebunden, putzte den Salat und bereitete das Abendessen vor. Tim sortierte Kräuter und putzte sie.

Es klingelte, der Vater ging an die Tür. Es war Förster Eberstrauch von nebenan. Er hatte kaum Platz genommen, als er aufgeregt begann: „Hubert, der Kassenwart vom Jägerverein, der um die Ecke wohnt, ist vor zwei Stunden in seinem Garten in eine Tierfalle getappt, du weißt, so eine, wie unsere Jäger sie im Wald aufstellen. Mit Mühe nur hat er sich befreit."

„Ich hoffe, er ist nicht schwer verletzt?“, fragte Sarah, die sich ein Lächeln verkneifen mußte.
„Der Fuß hat arge Quetschungen, aber zum Glück nichts gebrochen. Hubert hatte nur seine Hausschuhe an. Der Notarzt kam und brachte ihn in die Ambulanz. Er ist aber wieder zuhause.“
„Wie kam die Falle denn in seinen Garten?“, fragte Peter neugierig.
„Das weiß niemand! Aber da war ein Fuchs. Dieser gebärdete sich vor ihm ganz merkwürdig und knurrte ihn an. Hubert dachte wohl, der sei tollwütig, ging ins Haus zurück und holte die Flinte. Der Fuchs bewegte sich nicht von der Stelle, im Gegenteil, er schien Hubert provozieren zu wollen.“
„Füchse streifen oft in Gärten herum“, meinte Sarah.
„Auf jeden Fall, als Hubert die Flinte anlegte, wich der Fuchs zurück zur Thujahecke. Hubert rannte ihm nach, die Flinte im Anschlag, und tappte stracks in die Falle, die im hohen Gras vor der Hecke versteckt lag. Doch nicht genug damit. Als Hubert vor Schmerzen aufschrie, kam der Fuchs zurück, sprang wild um ihn herum und versuchte, ihn zu beißen. Doch Hubert schlug wild um sich und wehrte ihn mit der Flinte ab, so daß der Fuchs von ihm abließ und verschwand.“
„Aber die Falle?“, fragte der Vater.
„Niemand weiß, wie die Falle in den Garten kam.“
„Umweltterroristen?“, fragte Tim.
„Das vermuten wir auch“, antwortete der Förster.

„Nicht, daß in Zukunft noch mehr solche Dinge passieren", meinte Tim, der sich aus einer Keksdose bediente, kauend.
„Hoffentlich nicht, denn irgendwann hört der Spaß auf", erwiderte Eberstrauch, „der Fuchs ist tollwütig, wir müssen ihn finden, er gehört abgeschossen!"
Hastig trank er seinen Tee aus, stand auf und verabschiedete sich mit dem Versprechen, vorbeizukommen, sollte es neues zu berichten geben.
Sarah konnte ihre Belustigung kaum verbergen: „Wer andern eine Falle stellt …"
„Eine Grube gräbt", berichtigte Peter.
„Eine Grube oder Falle. Der Fuchs oder Hase, der in die Falle tappt, fühlt keinen Deut anders als Jäger Hubert."
„Das ist wahr", rief Tim, „Tiere empfinden Schmerz ebenso wie wir! Nicht anders!"
Am nächsten Tag erschien ein Leitartikel in der Stadtzeitung. Tim hat diesen Artikel aufbewahrt und mir zum Abdrucken zur Verfügung gestellt.

Umweltterroristen verüben Anschläge auf Moselstadt

In der Nacht vom 24. auf den 25. Mai hatten Unbekannte größere Gebiete von Moselstadt in eine Mülldeponie verwandelt. Von Moselstadt-West ausgehend, zog sich die Spur der Verwüstung über die Römerbrücke bis zum Hauptbahnhof. Betroffen waren die Südallee, die Innenstadt mit Fußgängerzone, der Karls-

hof und der gesamte Bahnhofsbereich. Der Zugverkehr mußte eingestellt werden, da die Gleise durch schwere Gegenstände blockiert waren.
Als morgens um sechs Uhr dreißig pünktlich der Berufsverkehr begann und die Berufstätigen von außerhalb im Schrittempo nach Moselstadt strömten, gab es die ersten Unfälle auf der Römerbrücke. Dort waren beide Fahrspuren übersät mit Glasscherben, Nägeln und anderen spitzen Gegenständen, so daß einige Fahrzeuge infolge platter Reifen zum Stehen kamen. Bei einem LKW und einem Transporter platzten gleich mehrere Reifen mit lautem Knall, so daß sich die Fahrer erschreckten und gegen vier andere Fahrzeuge prallten. Ein ähnliches Bild zeigte sich in der Innenstadt.
Viele Menschen wurden, zum Glück nur leicht verletzt, in die umliegenden Krankenhäuser eingeliefert. Tote gab es keine.
Der Sachschaden und die Kosten für die Stadtreinigung sind schwer zu beziffern, doch sicher ist anzunehmen, daß sie im sechsstelligen Bereich liegen.
Die Polizei geht davon aus, daß eine größere Gruppe von Umweltaktivisten diese Aktion geplant und durchgeführt hat.

Nach Aussage der Kripo Moselstadt gingen zahlreiche Anrufe von Bewohnern ein, die in der Tatnacht verdächtige Gestalten gesehen haben wollen, viele darunter mit grünen Tarnkappen sowie einige, die schwarz oder braun vermummt oder verschleiert waren.
Auch auffällig viele Tiere wurden beobachtet, was, laut Polizei, dadurch komme, daß das Vieh durch den Abfall angelockt worden sei.
Ein weiteres Ereignis fand am nächsten Tag in Moselstadt-West statt. Unbekannte plazierten eine Tierfalle im Garten eines Jägers. Wie es der Zufall wollte, tauchte ein tollwütiger Fuchs in seinem Garten auf. Als der Jäger mit seinem Gewehr den Fuchs stellen wollte, tappte er in die im hohen Gras versteckte Falle. Mit schweren Verletzungen wurde er in ein Krankenhaus eingeliefert. Es ist davon auszugehen, daß diese Aktion ebenfalls von Umweltaktivisten, im besonderen Tierschützern, initiiert wurde.
Die Polizei ist davon überzeugt, daß radikale Gruppen aus dem Bereich der rechten Umweltszene, der islamistischen Naturbewegung und der radikalen Grünen, Roten und Grauen beteiligt waren. Es wird vermutet, daß sich die Gruppierungen solidarisiert haben.

Es wurden 34 Verdächtige verhaftet und in Gewahrsam genommen. Die Ermittlungen laufen auf Hochtouren.

4. Kapitel
Professor Siebenberg und der Klimawandel

Als Tim noch ganz klein war, gab es weltweit mehrere Revolutionen, die von Jugendlichen ausgingen. Großflächige Brände, plastikverseuchte Meere, kranke Wälder, sterbende Insekten – eine Schreckensmeldung jagte die andere. Die Jungen machten die Alten für die Misere verantwortlich. Viel zu lange hätten sie zugesehen und nichts unternommen.

Unbeleckt von der Kenntnis verwickelter Zusammenhänge, die Realpolitik und Wirtschaft den globalen Raubbau betreiben ließen, glaubten sich junge Menschen betrogen um ihr Naturerbe. Wachsender Wohlstand und Mobilität sollten trotz zunehmender Bevölkerungsdichte gesichert und die Ausbeutung der Natur verlangsamt werden, was sie nachhaltig nannten und mit Naturschutz gleichsetzten.

Auch sollten der Raubbau und mit ihm die Waldzerstörung, als Urquell des Klimawandels, verschleiert werden. Theorien über andere Ursachen kamen in Mode und alle paar Jahre wechselten die Schuldigen, je nach dem, was der Markt gerade vorgab.

Prof. Gottfried von Siebenberg hatte das Spiel durchschaut. Damals, als das Kohlendioxid als Verursacher der Hitzeperioden dingfest gemacht war, hatte er lächelnd abgewinkt und seinem Nachbarn, Tims Vater, über den Zaun hinweg erklärt, daß das Kohlendioxid eigentlich dazu diene, der E-Mobilität einen neuen Markt zu schaffen. Und was mache es schon, wenn in der

Fremde Mensch und Land für die Rohstoffe bluten, Hauptsache, unsere Luft blieb sauber.

„Die Natur jedoch läßt sich nicht dreinreden, auch von Experten nicht,“ erklärte der Professor weiter. „Das Klima ist, wie jeder fühlen kann, nun merklich kälter und regenreicher, was bedeutet, das Kohlendioxid kommt als Täter nicht infrage. So müssen nun andere Ursachen her, zum Beispiel die Sonnenflecken. Denn ihr Fehlen sorgt dafür, daß es kälter wird. Auch von einer kommenden Eiszeit wird wieder gesprochen. Das ist schön für die Öl- und Gasindustrie und den Holzmarkt. Aber die Ressourcen gehen zu Ende, sie werden andere Quellen erschließen müssen, am besten auf dem Mond. Außerdem ist das Wetter launisch und macht, was es will, nur nie das, was wir gerne hätten. Aber die Zauberlehrlinge schlafen nicht, in ihren Hexenküchen kocht und brodelt es. Um die wirklichen Ursachen noch tiefer zu verbuddeln, zaubern sie demnächst die Mond-Rotations-Theorie oder die H2-Defizit-Polarwirbel-Theorie aus dem Sack, um sie als Schuldige für den Klimawandel wieder dingfest zu machen, mit passendem Markt dazu.

Ist alles ausgereizt, gibt es noch die Frauenhoferschen Linien, die seit längerer Zeit am Verschwinden sind, was wiederum anzeigt, daß ein großer Sphärennebel mit seinen Ausläufern an der Erde zerrt und den Klimawandel befördert. Hier ist es spannend zu verfolgen, wie sie uns das verkaufen wollen. Ich fürchte, daß die vielen Theorien die Märkte nicht wirklich fördern, sondern eher bloß verwirren, weil langsam keiner mehr weiß, welcher Wind nun grade wieder welches Fähnlein bewegt. Doch eins steht fest: Der Mensch läßt sich nicht vom Klima gängeln! In den nächsten zehn, zwölf Jahren endlich wird er sich selbst eins basteln, denn wozu gibt es die künstliche Intelligenz? Ein Wetter, welches an der Börse stabil bleibt und dem Wachstum gehörigen Auftrieb verleiht.“

5. Kapitel
Direktor Schultheiß und die digitale Revolution

Tim besuchte das schöne alte Virchow-Gymnasium in der Innenstadt. Dort hatte die digitale Revolution längst Einzug gehalten, wurde aber von Direktor Schultheiß bei jeder Gelegenheit boykottiert. Als Lehrer alten Schlages konnte er nicht begreifen, warum Stifte und Papier im Jahre 2026 endgültig Tastatur und Bildschirm Platz machen sollten. So sah er sich regelrecht vergewaltigt vom Diktat der digitalen Industrie, dem Staat und dem Willen, wie er meinte, blind fortschrittsgläubiger Eltern.

Zahlreiche Tablets auf den Schülertischen und riesige Bildschirme an den Wänden demonstrierten, daß die künstliche Intelligenz auf dem Siegeszug war. So wurde neben Büchern und Heften das ganze Schreib- und Rechenmaterial entsorgt und durch die Computer ersetzt.

Zu erwähnen sei hier noch der große Protest, der damals an der Kunstakademie stattfand. Die Künstler schrien auf, als der Bürgermeister beschloß, die Leinwände gegen große Flachbildschirme auszutauschen. Ein Stick sollte den Pinsel ersetzen, eine ausgeklügelte Software für Hilfestellung und Farbauswahl sorgen und ein intelligenter Drucker die Bilder so ausspucken, als seien sie frisch gemalt. Zum Glück hatte der Protest Erfolg und die Schnapsidee war bald vom Tisch.

Direktor Schultheiß hatte ein Klassenzimmer in Beschlag genommen, welches er zum Teil wieder in den alten Stand zurückversetzte. Zwar dominierten auch hier

Computer das Erscheinungsbild, doch an der Wand blieb die große Kreidetafel, im Schrank lagen noch Zirkel, Geodreieck, Schreib- und Malzeug – all das hatte er vor der Vernichtung bewahrt. Sogar eine Bibliothek gab es noch im Klassenzimmer mit richtigen Schulbüchern, Arbeitsheften und Zeichenblöcken.
So gelang dem Direktor ein kunstvoller Spagat: Er lieferte seine Schüler zwar stundenweise den Medien aus, aber die Folgen, nämlich den Verlust der Hirnleistung und der kognitiven Fähigkeiten, konnte er sogleich wieder kompensieren, indem er sie, wie von alters her, schreiben, zeichnen und handwerkeln ließ.
Vor seinen Schülern und deren Eltern rechtfertigte sich Direktor Schultheiß, indem er auf die Stromausfälle der letzten Jahre hinwies. Diese konnten zwar immer wieder behoben werden, versetzten die Stadt aber in beträchtliche Panik. In dieser Zeit fiel auch der Unterricht aus, da ohne Strom der ganze Schulbetrieb lahmgelegt war.
Das ist doch unerhört, dachte Direktor Schultheiß bei sich, daß das Lernen ganz und gar abhängig sein soll von Strom und technischen Geräten! Früher hatte man mit dem Hirn gelernt!
So erstellte er für alle Lehrer ein Notfallprogramm, das auch bei Stromausfall den Unterricht gewährleistete. Er ließ Holzöfen montieren und beschaffte einen Vorrat an Kerzen, falls das Ereignis im Winter geschah. Doch die Schüler, außer seinen, taten sich schwer und murrten, weil ihnen durchs Schreiben auf Papier die Finger

schmerzten und sich Kopfweh einstellte, als litte das Gehirn an Muskelkater.
Tim ging gerne in die Klasse von Direktor Schultheiß, denn seinem kindlichen Gemüt blieb nicht verschlossen, welchen Kurs der Direktor steuerte.
Auch war er nicht blind und sah, wie seine Mitschüler in jeder freien Minute, auf dem Pausenhof, auf dem Schulweg, beim Essen, beim Trinken, allein oder in Gruppen ständig auf ihr Smartphone starrten, mit einem Finger auf dem kleinen Bildschirm hin- und herwischend. Von diesem Ding muß ein schädlicher Sog ausgehen, dachte Tim. Und manchmal schien es ihm, als würden zwei durchsichtige Arme aus dem Display hervorschnellen, den Daraufstarrenden um den Hals packen und den Kopf noch dichter vor den Bildschirm ziehen. Vielleicht steckte da ein Kobold drin oder ein Gnom, der die Menschen in eine Traum- oder Märchenwelt lockte. Nein, ihn würden diese Zwerge niemals kriegen, so hatte er beschlossen.
Auch die vielen Strahlen, so dachte der zukünftige Biologe, konnten doch nicht gut sein für die lebende Zelle, deren eigene elektromagnetische Abläufe ständig gestört würden. Er kam darauf, als er einmal, am Bahnübergang wartend, einige Ahornbäume betrachtete, die die Hauptstraße säumten. Wie konnte es sein, daß die eine Hälfte der Kronen frisch grün, die andere aber trocken und welk aussah? Dann bemerkte er den großen Funkmast, der genau die Seite zu bestrahlen schien, die vor sich hinkränkelte. Für ihn, den besten Schüler in Biologie,

war die Sache klar, da brauchte ihn keiner belehren. Wenn er mal Professor war, würde er die Dinge ein für allemal klarstellen!

Tims Vorhaben ging in Erfüllung. Heute ist er ein renommierter Naturwissenschaftler, der sich, auch Jahre nach seiner Emeritierung, immer noch aktiv an der Renaturierung der Welt beteiligt, die nicht nur durch den großen Aufstand, sondern auch durch seinen Vater, der damals ein Buch darüber verfaßte, ins Rollen kam.

6. Kapitel
Zwei komische Vögel

In der Fichtenschonung wurde es langsam zu eng. Mittlerweile hatte die Versammlung immer mehr Tiere angezogen.

„Wir sind zu viele hier“, fing der alte Keiler an.

„Laßt uns eine Auswahl treffen“, schlug Rehbock Tristan vor, „wir werden den anderen dann über unsere geflügelte Luftpost Bescheid geben.“

„Das machen wir“, erwiderte der Keiler, „ich schlage vor: Tristan und Elfi, der Hund Felix, Fuchs Fritz, die Ente …“, er schielte nach links unten zu ihr hin, „wie ist nochmal dein Name?“

„Trudi“, erwiderte sie und schaute mürrisch um sich, als ein Kichern von dem Ast her kam, auf dem der Buntspecht saß.

„Gut, also die Ente Trudi. Und ich – Keiler Leo.“

Wieder folgte ein Kichern. Der Keiler strafte den Specht mit einem bösen Seitenblick, fuhr aber unbeirrt fort: „Von den anderen Tieren genügt jeweils ein Vertreter. Von den Vögeln etwas mehr und natürlich die Fledermäuse.“

Er hielt kurz inne, überschaute die Runde, dann fuhr er fort:

„Das nächste Problem erwartet uns. Ich sah, wie Männer vom Jagdverein Bäume markierten!“

„Oh weh“, seufzte Elfi, „der nächste Krieg steht bevor!“

„So ist es“, antwortete Leo, „es gibt keinen Aufschub. Diesmal werden wir den Spieß umdrehen!“

Ein beifälliges Murmeln ging durch die Runde. Trudi rief erfreut: „Da kriegen die Halunken ordentlich eins auf die Mütze. Sapperment! Da bin ich dabei!“
„Nix da!“ knurrte Felix. „Du bleibst schön in deinem Brombeergestrüpp, wenn du nicht als Braten enden willst.“
„Die Sache drängt“, rief Leo dazwischen, „wir planen noch heute nacht! Auch müssen wir unsere Leidensgenossen in Sicherheit bringen.“
Tim, der vor Spannung ganz aufgeregt war, bot seine Hilfe an.
„Nein“, sagte der Keiler, „du bleibst der Jagd fern. Das ist nichts für ein Menschenjunges.“
Tim nickte, hatte aber nicht unbedingt vor, sich an den Rat zu halten.
Da meldete sich der freche Buntspecht mit einem Vorschlag, den Keiler Leo, wenn auch etwas mürrisch, gern entgegennahm. Denn ihm war nicht ganz klar, was er von dem Specht halten sollte, dessen Ruf im Wald recht zweifelhaft war.
Als gegen Mitternacht der Plan beschlossene Sache war, lag Tim sich schlaflos wälzend im Bett. Ihn beschäftigte die Frage, wo die größeren Tiere Zuflucht vor den Jägern finden sollten, ohne daß jemand Verdacht schöpfte. Felix hatte den alten Steinbruch vorgeschlagen und Keiler Leo die Höhlen. Der Steinbruch lag, von schroffen Sandsteinfelsen umsäumt, im nördlichen Teil des Mohrenkopfwaldes. Dort stand ein Schild: Steinschlag – Betreten verboten. Und tatsächlich lösten sich gelegentlich

Gesteinsbrocken von der roten Felswand und stürzten krachend hinab in einen Dschungel aus Gestrüpp und jungen Bäumen. Inmitten dieser grünen Wildnis stand die zerfallene und von Strauchwerk überwucherte Hütte, in der Felix Obdach gefunden hatte, als er seinen Hundedienst quittierte. Dann gab es die Höhlen, wo eine Schlucht zwei Berghälften spaltete und ein Wasserfall in Nässezeiten tosend hinabstürzte. Waren diese Höhlen nicht ganz verschüttet? Oder nur zum Teil? Tim wußte, sie entstanden, als arme Sandgräberfamilien im 19. Jahrhundert nach dem begehrten weißen Sand gruben, der sich schichtweise zwischen dem roten befand und dem Dienstpersonal reicher Familien als Scheuersand in deren Villen diente. Auf diese Weise entstand ein Gewirr von Gängen, Räumen, Klüften und Schächten, die sich neben- und übereinander, bis zu drei Stockwerke hoch, in den Berg hineinzogen. Auch hier, unten in der Schlucht, stand ein Verbotsschild: Lebensgefahr!
Tim hatte den Steinbruch und die Höhlen nie betreten. Doch oft lag er auf der Lauer, das Fernglas vor Augen, den Steinbruch oder die Höhleneingänge im Visier. War es nicht so, daß an diesen Orten, wo keine Menschenseele hinkam, das Leben brummte und florierte wie nirgendwo sonst im Wald? Hier würden die Tiere sicher sein, dachte Tim. Ob sie tatsächlich fliehen würden? Und gut, daß es die Vögel gab, sinnierte er weiter, sie haben alles von oben im Blick. Dann dachte er an Fuchs Fritz und die Rehgeschwister. Und den seltsamen Buntspecht, der immer neben der Schleiereule saß. Wie wer-

den sie vorgehen? Diese und andere Gedanken schwirrten Tim durch den Kopf. Doch bald rückten sie mehr und mehr in die Ferne, bis ein tiefer Schlummer seinem Gedankenkarussell ein Ende machte.

Der Buntspecht, dem Keiler Leo mißtraute, so erzählte mir Tim einmal, hatte es faustdick hinter den Ohren. Es war ein Weibchen mit schönem Gefieder.
Da es *der* Specht heißt und es keinen Namen für die weibliche Form gibt, möchte ich fortan den Ausdruck Spechtin gebrauchen, weniger aus Emanzipationsgründen, welche bei Tieren kein Thema sind, als der deutschen Grammatik wegen, um nicht immer im Maskulinum über die Weiblichkeit schreiben zu müssen.
Vom Frühjahr bis Anfang Herbst, das wußte jeder, war die Spechtin wie verwandelt. Ansonsten unauffällig, galt es, sie in diesem Zeitpunkt, wenn möglich, zu meiden.
Das lag daran, daß sie gerne kleine Ausflüge in die Stadt machte. Dort hatte sie hübsche Ausflugslokale entdeckt, die im Frühjahr, wenn die ersten Sonnenstrahlen die Erde wärmten, ihre Außenterrassen öffneten. Und ähnlich den Möwen an Touristenstränden, saß sie lauernd in den Wipfeln der Bäume, um schnell hinabzuschießen und die Reste aufzupicken, die aufbrechende Gäste auf den Tellern zurückließen. Es mußte schnell geschehen, sonst kamen ihr die flinken Spatzen oder der abräumende Kellner zuvor.
An einem heißen Tag dürstete sie schrecklich. Es war viel Betrieb, manche Tische wurden nach Verlassen erst

spät abgeräumt. An einem standen Gläser herum, die noch beachtliche Reste enthielten. Die Spechtin flog auf den Tisch, schaute nach rechts und links – die Luft war rein – und steckte den Schnabel tief in ein Bierglas. Sofort spie sie wieder aus, das war nicht ihr Fall. Dann probierte sie ein Glas, welches noch gut zwei Fingerbreit Gin enthielt. Dies mundete ihr vorzüglich, sie schlürfte begeistert. Als sie wieder auf dem Zweig saß, wurde ihr ganz wohlig im Gemüte. Sie wunderte sich ein wenig, daß, trotz Windstille, die Zweige begannen, hin und her zu wiegen und wurde für einen kurzen Moment ganz schläfrig.
Als das Lokal schloß, flog sie mit kleinen Ab- und Aufwinden in den Wald zurück, fröhlich alte Kinderlieder trällernd: Als Vöglein klein im Nest allein, oder: Das Fliegen ist des Spechtes Lust, und ähnliche.
Mit der Zeit übte sich die Sprechtin darin, herauszufinden, welche Lokalität die meisten Gintrinker versammelte. Wenn sie Pech hatte, tat es, so fand sie heraus, auch der prickelnde Sekt. So verging ab dem Frühjahr kaum ein Tag, an dem sie nicht beschwipst und lustig und zu Streichen aufgelegt in den Wald zurückkehrte. Es war diesem Zustand geschuldet, daß sie die Eier von Buchfinken gegen diejenigen der Erlenzeisige austauschte oder große Hirschkäfer in die Nester legte.
Besonders lustig fand sie es, wenn kleine Vögel panisch flatternd die Flucht ergriffen, wenn sie die Stimmen räuberischer Elstern oder Greifvögel imitierte.

Aber irgendwann langweilte das Spiel oder die Vögel merkten, was Sache war. Die Spechtin fing an, ähnliches mit größeren Tieren zu treiben, vertauschte ein Fuchsjunges mit einem kleinen Dachskind, so daß nicht selten eine Fuchsfamilie mit einem Dachsjungen oder, umgekehrt, eine Dachsfamilie mit einem Füchslein daherkam. Oder ein Wiesel zog in seinem Wurf ein kleines Häschen heran, das Eichhörnchen säugte ein Mäuschen. Da die Spechtin es interessant fand, daß Tierkinder im Wurf des Feindes ebenso gehegt wurden wie die eigene Brut, ging sie bald experimentell vor. Einem Igel, der frische Jungen hatte, schmuggelte sie ein Meisenküklein unter und war überrascht, als dieses etwas später gesund und munter zwischen seinen stachligen Geschwistern hüpfte und Regenwürmer mit ihnen teilte.
Diese Dinge hielten solange an, wie es Gin oder Sekt gab. Als der Herbst kam und die Außenterrassen geschlossen wurden, versiegten die Quellen. Die Spechtin ernüchterte und nutzte die Winterzeit, sich zu erholen. Im nächsten Frühjahr ging das Spiel von vorne los. Auf diese Weise kam unser komischer Vogel zu seinem Namen: Gina, die Schluckspechtin.
Auch wenn Gina vielen ein Ärgernis war, zeigte eine Begebenheit, daß sie doch das Herz auf dem rechten Flecke hatte. Eine kleine Schleiereule, nur wenige Tage alt, lehnte sich eines Tages ein wenig zu weit aus der hoch gelegenen Baumhöhle und fiel patschend auf den weichen Waldboden. Voll Panik schrie und flatterte sie, aber die Eltern waren fern. Auf sich allein gestellt, tapp-

te das Kleine einfach los, fand dichtes Unterholz und schlüpfte tief hinein. Die Euleneltern kamen bald zurück, wähnten ihren Sprößling jedoch geraubt und gefressen. So saß die kleine Eule zwei Tage im Versteck, dem Verhungern nahe. Sie jammerte leise, wie es Eulen tun, und weinte bittere Tränen.

Gina, die grade von einem Ausflug aus der Stadt zurückkam, die Sinne von edlen Tropfen geschärft, vernahm das leise Fiepen. Sie flog zum Boden, horchte, hüpfte in die Richtung, aus der das Wimmern kam, lugte in das Dickicht und sah die kleine Eule dort zitternd sitzen. Gina machte sich schleunig auf den Weg, Futter zu besorgen. Als sie mit einigen Insekten und Würmern zurückkam, wies die kleine Eule das Futter angewidert zurück. Mit ihren Flügelchen gestikulierend, knabberte und pickte sie an den kleinen Ästen im Gehölz. Gina begriff, flog davon und brachte ein paar Beeren. Freudig fiel das Kleine über die Leckerbissen her.

Die Zeit verging, die kleine Eule wuchs unter Ginas Fürsorge heran. Und auch als sie erwachsen war, blieb sie bei Gina, die zwar immer noch ausflog, aber seltener als zuvor.

Die Eule wurde von der Spechtin auf den Namen Tina getauft (die Idee kam ihr beim Gin), weil sie dachte, Gina und Tina – besser könne eine Freundschaft sich nicht reimen.

Gina hatte die Eule einmal gefragt, warum sie kein Getier essen wolle, was für eine Eule ungewöhnlich sei. Tina antwortete, daß ihr von Anfang an davor gegruselt hätte, wenn ihre Eltern blutige Mäusefetzen oder zappelnde Insekten ins Nest legten.

Nun, dachte Gina, es gibt nichts, was es nicht gibt.

7. Kapitel

Halali und Waidmannsheil!

Nachdem die großen Waldtiere im Steinbruch und den Höhlen in Sicherheit waren, begannen bei der Vorhut die Vorbereitungen für die anstehende Jagd.

Gina, unsere Buntspechtin, suchte nachts sämtliche Hochsitze auf und fing an, die tragenden Holzpfähle am Fundament anzuhacken, und zwar so, daß sie noch halten würden, wenn jemand hinaufstieg, aber einkrachen, wenn er oben anlangte.

Neben Gina waren auch andere kleinere Tiere, leisere zumeist, am Werk. Es wurde gebuddelt, gegraben, Markierungen von Bäumen abgeschabt, Scherben aus Glas und Ton, spitze Steine und Reisighölzer herangeschleppt.

Pünktlich zum Termin wurde die Jagdgesellschaft erwartet und Fuchs Fritz, der Wache hielt, sollte Meldung geben. Auch Tim, entgegen der Warnung des Keilers, hatte sich aufgemacht, dem Spektakel beizuwohnen, und versteckte sich im Dickicht direkt am Hochsitz am Rande des Jagdgebietes. Sein Eichhörnchen hatte sich neben ihm zwischen den Ästen einer Fichte eingerichtet und harrte, vor ängstlicher Erregung zitternd, der kommenden Dinge.

Die Jagdgesellschaft fuhr die Anhöhe hinauf, dann auf der entgegengesetzten Seite wieder ein Stück ins Tal hinab. Das Ziel war ein kleiner Parkplatz und eine große Wiese, die sich von dort in den Wald hinein erstreckte. Es war eine auserlesene Jagdgesellschaft. Der Veranstal-

ter teilte sich den Gewinn aus den Einnahmen mit dem übergeordneten Forstamt und warb damit, daß er über viele Jahre hin einen exklusiven Wildbestand herangezogen hatte, der üppig und nun wieder erntereif sei. Es lockten viele bemerkenswerte Trophäen: starke Keiler, Hirsche mit prächtigen Geweihen, Füchse mit glänzenden Fellen und immerhin, ungeachtet der landesweit geschrumpften Vogelpopulation, noch einiges an hübschem Geflügel.
Als krönender Abschluß war ein Festessen mit Wildbret und altem Wein im feudalen Schloß Gockelsberg auf der anderen Seite der Anhöhe geplant.
Bei der Begrüßung schüttelten sich ein reicher Bauunternehmer, zwei prominente Ärzte, ein Anwalt und mehrere Kommunalpolitiker einschließlich eines Landrats die Hände und wünschten das übliche Waidmannsheil.
Eine Hundemeute war nicht dabei. Nur zwei der Jäger hatten ihre Lieblinge mitgebracht, einen alten Rauhhaardackel und eine hübsche Münsterländer Hundedame mit schwarz-weißer Fellzeichnung. Sie waren abgerichtet, Kleinvieh und Vögel zu apportieren.
Der Jagdführer, alle nannten ihn Manni, war ein stattlicher Hüne mit dichtem Vollbart, den schicken Hut gespickt mit bunten Federn und Jagdtrophäen. Manni führte die Gesellschaft in den Wald, hielt aber nach etwa fünfzig Schritten inne:
„Wo sind die Markierungen, Jungs?“, fragte er ein paar jugendliche Helfer mit grantigem Baß.

„Ich selbst habe sie angebracht", erwiderte ein flachshaariger Jüngling, „sie waren definitiv da!"
„Dann hat sie jemand entfernt. Ich hoffe, daß wir keine weiteren Überraschungen erleben. Lauf und hol die Spraydosen, Junge, und markiere die Stellungen neu. Das Gebiet ist doch abgeriegelt?"
„Klar doch, auch die Schilder sind aufgestellt." Der Junge lief zum Parkplatz zurück die Spraydosen besorgen. Um die auserwählte Gesellschaft derweil zu unterhalten, gab der stattliche Jäger in heiterer Laune einige köstliche Anekdoten zum besten, die das Leben eines Waidmannes in bunten Farben abbildeten, nicht ohne einzuflechten: „Früher stellte das Wild die Schilder im Mohrenkopfwald höchstpersönlich auf, heutzutage muß man alles selber machen." Die Gruppe war bei guter Laune. Niemand ahnte, daß hunderte von Augen sie just im Visier hatten und jede ihrer Bewegungen verfolgten. Als das Jagdfeld neu markiert war, schickte Manni die Treiber in die unwegsameren Teile des Waldes. Diese formierten sich in einem Halbkreis und schritten langsam wieder zurück, die Tiere aufschreckend, den Jägern entgegen.
Das Wild weiß, daß der Mensch, der sich auf den Wegen bewegt, kaum gefährlich werden wird. Doch sobald er in den tieferen Wald eindringt, kommt er ihren Verstecken nahe. Der Treiber hat leichtes Spiel. Das Wild, entdeckt, rennt vor dem Treiber panisch weg, direkt in den Flintenlauf des lauernden Schützen. Nur wenige Tiere durchschauen den Trick, erfahrene Tiere zumeist, die

durch glückliche Fügung einmal einer tödlichen Kugel entkamen. Die meisten Artgenossen aber rennen unweigerlich in den Tod, ganz vom Angstmoment und dem artgemäßen Fluchtimpuls gesteuert.
Mit den Treibern machten sich auch die Jäger daran, ihre Stellungen zu beziehen, teils hinter den neu markierten Bäumen, teils auf den in relativ geringen Abständen voneinander errichteten Hochsitzen.
Und bald schon geschah das erste Malheur. Ein gewichtiger Jäger, prominenter Internist, machte sich daran, nicht ohne Luftnot, auf einen Hochsitz zu klettern. Kaum war er endlich oben angelangt und wendete den massigen Körper, um raumgreifend auf einem dort für die Jagdgesellschaft frisch angebrachten Sitzkissen Platz zu nehmen, als das Gestell bedenklich zu schwanken begann.
Mit den Armen in der Luft rotierend, das Gewehr loslassend, richtete der gewaltige Nimrod gegen die Allmacht der Schwerkraft wenig aus. Er sah kurz nach unten in die Tiefe, ihm schwindelte – schlug jetzt seine letzte Minute? Bruchstückhaft liefen Bilder vor seinem inneren Auge ab, von seiner hübschen Sprechstundenhilfe, dem letzten Urlaub auf Kreta, dem Wildschweinbraten gestern abend. Dann kippte der Hochsitz unter ihm weg, er schrie und landete mit einem dumpfen Knall auf dem weichen Waldboden. Das berstende Holz des Hochsitzes schlug an ihm vorbei. Etwas gebläut und geprellt kam er noch gut davon. Keuchend und wackelig auf den Beinen stand er auf und sah sich die Bescherung an: „Waid-

mannsheil kann man da nur sagen! Aber Manni, das wird ein Nachspiel haben. Hast du Eumel das Revier nicht überprüft?"
„Doch, Erich. Gestern nachmittag ging ich alle Wege ab und untersuchte jeden einzelnen Hochsitz. Es war alles in bester Ordnung."
„Ein paar blaue Flecken bringen einen echten Waidmann nicht um, Manni. Aber wenn ich etwas davontragen sollte, muß ich deinen Verein leider anzeigen."
Auf wackligen Beinen stand er jetzt da, wischte den Schmutz vom dicken Stoff seiner Jägermontur und inspizierte mit den anderen den Schadensfall.
„Da hat jemand die Pfosten angesägt", stellte er schwankend fest. Eben noch rechtzeitig stützten ihn zwei Kameraden ab. Dann schaute er verwundert um sich, als von irgendwoher ein leises Kichern herüberdrang. „Hört ihr?", fragte er, „aber ich bin wohl noch ein bißchen benebelt und es war nichts."
„Erich, du mußt ins Krankenhaus!"
„Nichts da. Ich bin Arztes genug, um zu wissen, daß mich so ein kleiner Sturz nicht umbringt."
„Verflucht! Das waren diese Schurken, die Tierschützer!", rief Manni in flammendem Zorn, „die sind auch nachts unterwegs und sägen die Sitze an."
„Das bringen wir auf jeden Fall zur Anzeige", sagte der Anwalt. Er machte Fotos von der Schadensstelle und notierte etwas in sein Smartphone.
„Was sollen wir tun? Die Jagd abblasen?", flüsterte der flachshaarige Jüngling dem Jagdführer zu.

„Kameraden, was denkt ihr, sollen wir unsere fröhliche Treibjagd absagen?“ gab Manni die Frage beherzt an die Runde weiter, während er nervös an seinem Gewehrriemen fuchtelte.
„Auf keinen Fall! Dann haben diese Verbrecher ihren Willen. Wir haben viel Geld bezahlt, und für deinen Verein und die Försterei steht ein nettes Sümmchen auf dem Spiel!“, antwortete der Bauunternehmer stellvertretend für alle.
„Die anderen Hochsitze sind bestimmt auch angesägt“, überlegte der Anwalt.
„Das ist zu befürchten, bei der Hinterlist dieser Querulanten. Wir sollten sie meiden. Meine Herren, ich bedaure das sehr, aber diese Nichtsnutze sind unberechenbar und, wie Sie sehen, eine große Gefahr für das Leben anderer. Ich kann in der Kürze der Zeit den Schaden nicht beheben und stelle euch frei, euer Geld zurückzuverlangen und das Revier zu verlassen.“
„Das kommt nicht infrage, Manni“, sagte der Bauunternehmer. „Wir haben so viele Feste miteinander gefeiert und so viele Gläser gehoben, diese Kalamitäten schaffen wir auch noch gemeinsam.“
Der städtische Abgeordnete der christlich Konservativen lenkte das Gespräch in eine neue Richtung: „Es müssen härtere Gesetze und härtere Strafen für diese Saboteure her!“
„Da stimme ich dir zu“, entgegnete der Landrat, „gewisse Anträge dazu sind bereits auf den Weg gebracht. Ein Vorfall wie dieser wird die mediale Aufmerksamkeit für

die schändlichen Umtriebe dieser Tierschützer schlagartig heben und den Gesetzgeber unserer Sache gewogener machen."

„Die selbsternannten Tierwohlanwälte schneiden sich ins eigene Fleisch", meinte belustigt der weiter links verortete Kollege des christlich konservativen Stadtrats. „So können wir dieses kleine Attentat bald als Anekdote abtun und wünschen, daß sich noch einige weitere Überraschungen anfügen, damit die Beweiskraft umso stärker und die Gesetzesschieflage umso klarer wird."

„Eine ziemlich schmerzhafte Anekdote", knirschte der gefallene Internist, dem der Rücken wehzutun begann, „auf weitere verzichte ich gerne."

Von ferne hörten sie bald vereinzelte Stimmen der wieder ausgeschwärmten Treiber.

„Und nun voran, Freunde! Die Treiber nahen, das Wild ist auf!", rief Manni. „Meine Herren, schießen Sie, was das Zeug hält! Wehe dem, der uns vor die Flinte kommt! Wir zeigen den Tierschützern, wer die Hosen anhat!"

Angespornt und kampfeslustig mit viel Waidmannsheil nahmen die Männer, auch der noch etwas verlangsamte Internist, ihre Positionen hinter den Bäumen ein.

Sie warteten und warteten, doch nicht ein Stück Wild erschien vor ihren Augen. Nur die Treiber erschienen. Aus kurzer Entfernung lief einer jetzt auf sie zu.

„Nicht ein Stück Wild zu finden", jammerte er.

„Verflixt, was ist hier los?", rief Manni aus, riß sich den hochdekorierten Hut herunter und kratzte sich unschlüssig am Kopf. „Geht wieder zurück, macht mehr Lärm, schaut in jede Ecke und in jeden Busch! Vielleicht dürft ihr die Hunde mitnehmen“, ergänzte er verhalten mit fragendem Blick auf die Besitzer der Vierbeiner. Sie nickten zustimmend.

„Ich glaube kaum, daß die Macht dieser Rumtreiber soweit reicht, das Wild vor uns zu verstecken“, spöttelte der Anwalt.

„Nein, das kann alles nicht sein“, meinte der Jagdführer. „Der Wald ist prallvoll mit Wild. Die Förster lagen mir schon in den Ohren, wann wir endlich unser liebevoll gemästetes Wild ernten, der Verbiß machte den jungen Bäumen schon zu schaffen.“

„Nun denn, ich bin gespannt“, antwortete der Anwalt belustigt.

Es schien, als hätten die Treiber diesmal Erfolg. Ein mächtiger Keiler ließ sich aus dem Gebüsch aufschrecken. Leider wendete er jäh, steuerte schnurstracks laut grunzend auf einen Treiber zu, der erschreckt zur Seite sprang und lief, so schnell seine kurzen Beine ihn tragen konnten, in die falsche, aber sichere Richtung. Ein anderer Treiber rannte ihm hinterher, doch nur ein paar Schritte, dann warf er jäh die Arme in die Luft, stieß einen Schrei aus und war verschwunden. Die anderen liefen hinterher und sahen, daß er in eine tiefe Grube gestürzt war, deren Grund jemand mit scharfen Glassplittern und spitzen Kieselsteinen aufgefüllt hatte. Er jammerte erbärmlich, die Glassplitter hatten seine Haut durch die Hose hindurch tief geritzt. Überall bildeten sich blutige Rinnsale. Dann erklang einige Meter entfernt ein weiterer Hilferuf. Ein zweiter Treiber, einem Fuchs nachjagend, war ebenfalls in eine Grube gestürzt. Jemand lief zu den Jägern, die Vorfälle zu melden. Diese machten sich auf, den Tatort zu untersuchen.

„Nun“, bemerkte der Anwalt, „es wäre noch eine Anekdote hinzuzufügen.“ Wieder machte er Fotos und notierte in sein Smartphone.

„Wir müssen die Jagd abbrechen, bevor es noch mehr Blutvergießen gibt“, rief ängstlich der Jüngling.

„Nein!“, donnerte der Jagdführer. „Bringt die Verletzten zu den Autos und versorgt sie, oder fahrt sie nach Hause! Wir machen weiter! Oder sind Sie anderer Meinung, meine Herren?“

„Wir machen weiter“, erwiderte etwas ängstlich der grüne Stadtrat.

„Bedenken Sie jedoch“, warf der Internist ein, „wenn heute noch mehr Schaden entsteht?“

„Weiche Knie, Kollege?“ meinte der zweite Arzt der Runde, ein zierlicher kleiner Mann, der ihn durch seine großen Brillengläser belustigt anschaute.

„Ich jedenfalls“, sagte der Landrat, „kehre ohne Trophäe nicht nach Hause.“

Während die Jäger hin und her diskutierten, wie weiter zu verfahren sei, schnüffelten der Dackel und die Münsterländerin im Wald umher. Sie rochen eine frische Fährte und stellten im Busch einen Fuchs. Es war Fritz, er hatte auf sie gewartet.

„Still“, zischte er, „keinen Laut!“

Die Hunde schauten verwirrt, dann fragte der Dackel: „Wie? Still?“
„Schnauze halten!“, erwiderte der Fuchs.
„Wie redest du mit mir?“, empörte sich der Dackel und kräuselte die flache Stirn.
„Wie man mit Hunden halt redet“, antwortete der Fuchs. „Still, Platz, Apport, Such, Sitz!“
„Du willst uns nur foppen“, mischte sich verärgert die Hundedame ein, die nervös nach links und rechts horchte, da ihr der Aufruhr unter den Jägern nicht entgangen war. Auch einige Pfiffe und Rufe schallten inzwischen herüber. Sie galten ihnen.
„Ja, du willst uns nur foppen“, wiederholte der Dackel. „Aber eins steht fest. Du bist bloß ein Fuchs, und als solcher machst du dich gefälligst auf und läßt dich abschießen, damit ich was zum Apportieren habe!“
„Du mich apportieren?“, fragte der Fuchs und verzog einen Mundwinkel.
„Ja“, nickte der Dackel freudig, „für einen Fuchs gibt es ein schönes Lob! Und gerade für so einen dicken, wie du es bist.“
„Weniger fett als du und einen Kopf größer“, lachte der Fuchs.
„Das macht gar nichts“, ereiferte sich der Dackel, „ich packe dich fest im Genick und schleife dich. Habe ich schon oft so gemacht.“
„Hör auf zu diskutieren“, knurrte die Hündin den Dackel an, „wir müssen los, sonst setzt es was.“
“Wer nicht hören will, muß fühlen“, stichelte der Fuchs.

Die Hunde rannten verwirrt zurück und wurden prompt für ihre Pflichtvergessenheit bestraft. Es setzte Hiebe mit dem Stock, denn ein guter Jagdhund hört aufs Wort!
„Ich bin der Meinung", sagte der Internist, sichtlich erschöpft, „wir rufen die Polizei. Das wird mir doch ein wenig zu arg."
„Vielleicht hat es dich ärger erwischt, als du meinst?", meinte der zierliche Arzt.
Manni unterdessen kochte vor Wut. Die Polizei rufen hieße, die Jagd abzubrechen. Außerdem wollte er die Teilnehmer nicht entschädigen müssen. Was für eine Pleite war dieser Tag!
Da schossen plötzlich vier oder fünf Füchse, aus einem nahen Unterholz kommend, auf sie zu und verschwanden ebenso schnell wieder dicht vor ihnen im Unterholz.
„Nun, die gehören mir!", rief der Landrat, regelte sein Gewehr und nahm die Verfolgung auf.
„Na dann Waidmannsheil", bemerkte ironisch der Anwalt, „ich wittere wieder eine Schandtat. Es ist besser, wir rufen die Polizei."
Manni seufzte und kramte widerwillig sein Smartphone aus der Tasche. Doch bevor er es entsperren konnte, war wie aus dem Nichts lautlos eine Eule herangeschwebt, faßte mit dem Schnabel den schönen Jägerhut und entschwebte mit der Beute schwungvoll in die Lüfte. Das ging so schnell, daß der Jagdführer nicht merkte, wie die Eule ihm nebenbei mit ihren scharfen Krallen ordentlich die Kopfhaut pflügte.

„Verflixt, was war das?“, rief der Beraubte, „Wo ist mein Hut? Verdammt!“ Er faßte sich an den Kopf, dann sah er auf seine Hände: „Verflixt, das Vieh hat mich blutiggekratzt!“

Während er mehr vor Zorn als vor Verwirrung wankte, setzte sich die Eule (es war Tina) hoch in den Lüften auf einen Fichtenzweig und hängte den Hut an einen Ast. Dort baumelte er jetzt hin und her. Hübsch, dachte Tina und spürte Lust, noch mehr dort baumeln zu sehen. Sie schwang sich nieder, ergriff noch zwei Hüte und schändete zwei Glatzen. Dann hörte sie ein Knallen, es zischte etwas an ihr vorbei. Die schießen auf mich, dachte sie, schnell in Deckung!

Nun folgte ein Szenario, welches in die Annalen der Moselstädter Jagdgeschichte einging. Heute, wo die Jagd längst abgeschafft ist, schaut man kopfschüttelnd auf diese Zeit zurück und ist der Meinung: Wer Unheil sät, darf auch gerne Unheil ernten.

Es ertönte plötzlich ein furchtbares Kampfgeschrei:

„H A L A L I ! Nieder mit den Halunken! Horrido! Horrido! Horrido!“

Auf einer breiten Astgabel, etwas entfernt vom Schauplatz, saß Trudi, flatterte ekstatisch mit den Flügeln und schrie so laut, wie es ihre kleine Entenbrust hergab. Dies war das Signal!

Von allen Seiten flogen hunderte von Vögeln heran, Bussarde, Eulen, Tauben, Krähen, sogar die kleinen Meisen, Finken und Spatzen, so viele Vögel hatte man seit Jahren nicht mehr in den Wäldern von Moselstadt

gesehen. Aber auch Fledermäuse scheuten den Tag nicht und stürzten sich auf die Waidmänner. Es ging zu wie in einem Hitchcockfilm, die Jäger schlugen um sich, schrien, tobten und feuerten bald kopflos mit ihren Gewehren um sich. Auf diese Weise zerschoß einer dem anderen die Kniescheibe, die Hand oder das Bein.
Trudis Gekreische ging im Schlachtenlärm unter. Da flogen ein paar Federn auf, Sie fühlte sich gerupft, Querschläger hatten sie gestreift. Nichts wie weg, dachte sie, flatterte vom Baum und schlug sich humpelnd ins nächste Gebüsch.
Das Toben wurde mittlerweile übertönt von den Sirenen herbeigerufener Polizeiautos und Krankenwagen. Spaziergänger am Rande, die Tumult, Hilferufe und Gewehrschüsse im Wald hörten, hatten den Notdienst bestellt.
Von den Vögeln und Tieren des Waldes waren keine Feder und kein Haar mehr zu sehen. Auf dem Kriegsschauplatz lagen stöhnend ein paar verletzte Männer. Sie wurden notärztlich versorgt und vorsorglich in das nächste Krankenhaus gebracht. Zwei Jagdhunde blieben vermißt.
Am nächsten Tag stand ein großer Artikel in der Stadtzeitung. Das Ereignis erschütterte ganz Moselstadt:

Radikale Tierschützer verüben Anschlag auf Jagdgesellschaft

Tragische Szenen ereigneten sich gestern vormittag im Mohrenkopfwald bei Mosel-

stadt. Mehrere Jäger wurden verletzt in Krankenhäuser eingeliefert.
Eine auserlesene Jagdgesellschaft freute sich gestern vormittag auf eine Treibjagd in größerem Stil. Nach Aussage einiger Betroffener hatten Unbekannte erst die Markierungen an den Bäumen entfernt, dann Hochsitze angesägt, Fallgruben eingerichtet und zuletzt Vögel und sogar Fledermäuse auf die Jagdgesellschaft gehetzt.
Ein Jäger fiel samt Hochsitz um, wurde jedoch nur leicht verletzt. In zwei mit Glasscherben übersäte Fanggruben stürzten mehrere Treiber, die schwere Schnittverletzungen erlitten.
Ein Treiber berichtete, der Wald sei praktisch frei von Schwarz- und Schalenwild gewesen. Dann tauchten doch mehrere Füchse und ein Wildschwein auf, die sich abnorm verhielten. Dies bestätigte den Verdacht des Jägers Hubert K., daß die Tollwut im Wald grassiere. Er war vor kurzem Opfer eines Anschlags von Tierschützern geworden (wir berichteten).
Der Höhepunkt wurde jedoch erreicht, als Schwärme von Vögeln die Jagdgesellschaft von allen Seiten angriffen. Die Tiere reagierten äußerst aggressiv, massive Hieb- und Kratzwunden waren die Folge. Beim ver-

zweifelten Versuch, die Vögel abzuwehren, fielen Schüsse, die im Tumult kreuz und quer liefen. Einige der Jäger trugen Verletzungen davon. Spaziergänger vernahmen Schreie und Schüsse und setzten einen Notruf ab. Erst durch die herannahenden Sirenen wurden die Vögel aufgeschreckt und flogen davon.

Während die anfänglichen Ereignisse als Sabotage zu werten sind, stellte der Angriff der Vögel und Fledermäuse, die nicht tollwutempfänglich sind, die Experten vor ein Rätsel. Inzwischen ging eine Agenturmeldung bei unserer Zeitung ein. Ein bekannter Ornithologe aus dem Saarland berichtet, dort sei zurzeit ein gefährliches Vogelvirus unterwegs, das von Fledermäusen ausginge. Damit bestätigt sich wieder einmal der Verdacht auf ein übergeordnetes Geschehen. Die infizierten Tiere verhalten sich unruhig, gereizt und aggressiv.

Der Ornithologe führt aus, es sei anzunehmen, daß der hiesige Bestand ebenfalls infiziert sei, die Täter davon gewußt und sich diesen Umstand zunutze gemacht hätten, indem sie die Vögel kurz vor der Treibjagd aufs äußerste reizten. Recht kunstvoll hätten sie dadurch ein Szenario geschaffen, wie es

Hitchcock in seinen Film *Die Vögel* nicht besser hat vormachen können.
Der Anschlag muß kurzfristig geplant gewesen sein, möglicherweise erst in der vorangegangenen Nacht. Anwohner am Rande des betroffenen Waldgebietes gaben an, vermehrt Lärm wahrgenommen zu haben, doch gesehen wurde niemand.
Die Polizei nimmt an, daß die Ereignisse, die Moselstadt seit ein paar Tagen heimsuchen, eng miteinander verknüpft sind. Künftige Anschläge sind leider nicht auszuschließen, befürchtet der leitende Oberkommissar.
Der Oberbürgermeister rief sofort eine Ratssitzung ein, da Kommunalpolitiker und der hiesige Landrat zu den Opfern gehören. Er sprach sein Bedauern und Mitgefühl aus und versicherte, er werde alles ihm mögliche unternehmen, um den radikalen Elementen das Handwerk zu legen. Leider stünden auch Mitglieder einiger Stadtratsfraktionen im Verdacht, mit den Tierschützern zu sympathisieren. Dies haben erste interne Untersuchungen ergeben.
Die Polizei bittet die Bevölkerung, in der nächsten Zeit den Wald zu meiden, bis Experten den erkrankten Tierbestand inspiziert und entsprechende Maßnahmen eingeleitet haben. Sachdienliche Hinweise werden von

jeder Polizeidienststelle gerne entgegengenommen.

8. Kapitel
Tims neuer Freund

Am nächsten Morgen hatten Tims Eltern früh die Zeitung besorgt und mit Spannung den Artikel verfolgt. Tim mahnten sie eindringlich, den Wald zu meiden, bis sich die Lage entschärft hatte.

Er schlüpfte in seine Jacke, schulterte den Ranzen und machte sich auf den Weg in die Schule. Als er die Römerbrücke erreichte, die beide Stadthälften miteinander verband, blickte er hinunter auf das steinige Moselufer. Erneut lagen dort Flaschen und Scherben, die sich nach der großen Stadtsäuberung schnell wieder angesammelt hatten. Dazwischen Enten und Gänse, die Schnäbel unter den Schwingen, sie schienen zu schlafen.

Er dachte an die Ente Trudi. Es war wohl ihre Idee, die Fanggruben im Wald mit Glasscherben zu befüllen. Kein Wunder, sie zeigte ja die Narben, die Glassplitter bei ihr verursacht hatten. Er hatte aus seinem Versteck zwar den Fall des Internisten vom Hochsitz beobachtet, aber was weiter geschah, nicht mitbekommen. Außer dem Lärm, der Bände sprach. Alles andere erfuhr er aus der Zeitung.

Direktor Schultheiß hatte an diesem Morgen einige Mühe, seine Klasse zu bändigen, die heftig über den gestrigen Anschlag stritt. Die größere Partei, mit Tim als Wortführer, war der Meinung, die Jäger hätten es nicht anders verdient. Die kleinere Partei, deren rothaariger Anführer der Sohn des beim Jagdanschlag anwesenden Landrates war, nahm lärmend die Jäger in Schutz.

Als die Schulglocke klingelte, atmete der Direktor auf. Auf dem Pausenhof jedoch ging der Streit weiter und es kam zu einem Tumult.
Der rothaarige Landratssohn schnauzte Tim an, was ihm einfalle, die ganze Klasse gegen die Jäger und damit gegen seinen Vater, einen berühmten Politiker, aufzuhetzen. Um seinen Worten Nachdruck zu verleihen, schubste er ihn ein paarmal und drängte ihn gegen die Mauer. Da wurde es Tim doch zuviel. Er schlug zurück und traf den Schreihals dicht überm Auge, wo sich sofort eine dunkle Druckstelle abbildete. Der Rotschopf schoß wütend nach vorne, trat nach dem Übeltäter und boxte ihn gegen die Rippen. Tim krümmte sich und japste nach Luft. Als er aufschaute, sah er in ein grinsendes Gesicht, welches nach links und rechts beifallheischend um sich blickte. Jungs und Mädels hatten sich rundherum versammelt und lauerten lachend darauf, ob die Kampfhandlung weiterging. Tim, der sich von seiner Atembeklemmung zu erholen begann, nutzte den unaufmerksamen Moment des Gegners, sprang auf und nahm den verblüfften Rotschopf mit aller Kraft in den Schwitzkasten. Dieser brüllte auf und schlug wütend um sich, wobei er Tim auf die Lippe traf. Doch der eiserne Griff blieb fest und hielt ihn zu Boden gedrückt. Die Menge jubelte. Der Rotschopf war nicht sonderlich beliebt. Er fühlte sich als Sohn des Landrats als etwas Besseres. Oft versuchte er, seinen Mitschülern unnütze Dinge anzudrehen, und schloß einen Tausch grundsätzlich zu seinen Gunsten ab. Durch das Gebrüll des immer

noch im Schwitzkasten strampelnden Landratssohnes alarmiert, kam endlich jetzt die Pausenaufsicht angerannt, ein schmächtig geratener Referendar, der erst seit kurzem an der Schule unterrichtete. Er trennte die Streithähne mehr mit Worten als mit den Händen und zitierte sie zum Direktor. Tim ignorierte die Anweisung aber, riß sich los, holte in der Klasse noch schnell seinen Ranzen und ging ohne weitere Rückmeldung nach Hause.

Am Brückenkopf auf der anderen Moselseite, als er die Enten und Gänse am Moselufer wiedersah, vergaß er die ärgerliche Episode schnell. Obwohl Keiler Leo es nicht gerne sah, daß er mit den Tieren aus der Stadt Kontakt aufnahm, stieg er die Treppen zur Mosel hinab und setzte sich, seine schmerzenden Rippen leicht massierend, zwischen Staudenknöterich und Weidenbüschen versteckt, ans Ufer. Eine Gans hatte ihn kommen sehen, watschelte zu ihm hin und bettelte um Futter. Tim hatte noch von seinem Pausenbrot übrig. Er brach kleine Brocken ab und warf sie dem Vogel hin, der begierig darüber herfiel.

„Ich hoffe, dir schmeckt unser selbstgemachtes Brot“, sprach Tim lächelnd.

„Es ist köstlich“, antwortete die Gans, hielt dann aber inne und schaute ihn verwundert an.

„Ich bin Tim“, fuhr er fort, „wahrscheinlich kennst du mich.“

„Ja“, antwortete die Gans mit leuchtenden Augen, „Trudi war hier und hat alles erzählt. Doch wie siehst du aus? Du bist ja verletzt!“
„Ist nur eine Kleinigkeit“, wehrte er ab und tupfte behutsam mit dem Hemdsärmel ein wenig Blut von seiner Unterlippe, „aber sag, ihr wißt auch, was mit den Jägern geschah?“
Die Gans nickte.
„Und die anderen Tiere in der Stadt, wissen die auch Bescheid?“
„Immer mehr wissen es, auch die in den Ställen und einige in den Häusern.“
„Das ist ja unheimlich“, sagte Tim und ließ seinen Blick über die Mosel schweifen. „Stimmt es auch, daß nun kein Tier mehr das andere jagen und fressen darf?“
„Das ergibt sich von selbst“, antwortete die Gans, „wir rücken zusammen. Nur schafft das neue Probleme. Das Futter wird knapp. Aber es gibt schon Pläne, dem abzuhelfen, bis wir wissen, wohin die große Reise geht.“
„Ihr wollt tatsächlich flüchten?“
„Dorthin, wo es genügend Lebensraum gibt und Tierquälerei ein Fremdwort ist“, sagte die Gans.
Tim kratzte sich am Kopf.
„Wir wollen ins Ausland“, fuhr die Gans fort, „In Deutschland ist für uns kein Platz mehr.“
„Im Ausland ist es nicht besser“, antwortete Tim, „auch dort wird jedes Stück Land zu Geld gemacht und Tierquälerei billigend inkaufgenommen!“

„Aber es soll ein großes Waldgebiet geben, hoch im Norden, da ist es anders“, antwortete sie und blickte Tim, der betreten schwieg, hoffnungsvoll an. Dann fuhr sie fort: „Es ist jetzt besser, du gehst nach Hause. Doch gib acht und sprich kein Tier mehr an.“
Tim verabschiedete sich voller Zweifel darüber, ob das, was der Blitz angestiftet hatte, auch ein gutes Ende nehmen werde.
Er hatte nicht mehr weit nach Hause. Ein pochender Schmerz machte sich in der Stirn bemerkbar. Der Rotschopf hatte ihm doch mehr zugesetzt, als es zunächst aussah.
Zuhause angekommen, war seine Mutter in heller Aufregung. Der Landrat hatte angerufen und sich beschwert, Tim habe seinen Sohn ohne Grund verprügelt. Auch Direktor Schultheiß war seiner Pflicht nachgekommen und hatte die Eltern über einen Verweis informiert. Der Direktor, der Tim im Grunde sehr mochte, würde die Sache doch bald unter den Teppich kehren. Denn obwohl der Junge gelegentlich mit der Faust einen Disput führte, war er im allgemeinen eher still und ein hervorragender Schüler.
„Tim, was hast du wieder angestellt? Und wie siehst du aus?“ Schnell hatte Sarah Kräutersalbe und Pflaster zur Hand und versorgte die wunde Lippe.
„Laß den Jungen doch erstmal zur Ruhe kommen“, tönte es vom Küchentisch her. Peter hatte die Zeitung vor sich ausgebreitet und eine dampfende Tasse Kaffee in der Hand. Als Tim sich ihm gegenübersetzte, zwinkerte

er ihm zu und flüsterte: „Aufwärtshaken oder Schwinger?“
„Schwitzkasten“, gab Tim leise zurück.
Der Vater lächelte. „Übrigens steht hier, daß die Strippenzieher der Anschläge in Untersuchungshaft sitzen.“ Er zeigte Tim den Artikel.
„Die sind bald wieder frei“, antwortete der Junge abwesend, „die waren’s nämlich nicht.“
„So?“, der Vater runzelte die Brauen, „wer war es dann?“
Mist, dachte Tim, was rede ich? Er konnte sich kaum konzentrieren. Das Pochen in der Stirn wurde stärker und seine Rippen schmerzten. So machte er es kurz und dachte, er versuche es mit der Wahrheit, denn die würde ihm eh niemand glauben.
„Es waren die Tiere im Wald“, erklärte er müde.
Die Mutter, die am Herd hantierte, dachte, sie höre schlecht, und setzte sich neben ihn: „Die Tiere im Wald waren das?“
„Ja“, erwiderte Tim, „da schlug doch letzt ein Blitz ein, bei dem Sturm. Der Blitz hat auch die Tiere getroffen, ich meine die Abstrahlung, die hat sie kontaminiert. Seitdem sprechen die Tiere. Einen Aufstand planen sie. Und eine Flucht.“
Die Eltern blickten sich verwundert an. Es schien reiner Unsinn, was Tim sprach. Vielleicht hatte er bei der Rauferei mehr abbekommen, womöglich eine kleine Gehirnerschütterung erlitten?

„Ihr glaubt mir nicht?“ gab Tim zurück, als er die Eltern zweifeln sah, „Und doch ist jedes Wort wahr!“
Dann sagte er, sein Kopf täte weh, ob er sich hinlegen dürfe. Sarah brachte ihn zu Bett und kühlte mit einem nassen Lappen seine heiße Stirn und die geschwollene Lippe. Bald war Tim eingeschlafen.
Nach ein paar Tagen schloß Tim mit dem Rotschopf, dem Landratssohn, einen Freundschaftspakt. Erstens wollte er sich keinen Feind schaffen, zweitens konnte die verschlagene Art seines Mitschülers ja irgendwann einmal nützlich werden, drittens – vielleicht war er gar nicht so verkehrt. So ging er eines Tages in der Pause zu ihm hin. Der Rotschopf saß alleine auf der Mauer und aß sein Pausenbrot, als er Tim auf sich zuschlendern sah. Er kniff die Augen zusammen und zog ein grimmiges Gesicht. Tim sprach ihn an: “Warum nicht den Streit beilegen, Rotschopf? Ich möchte mich hiermit in aller Form bei dir entschuldigen, vielleicht können wir beide eine Friedenszigarre rauchen und einen Friedenstrunk nehmen. Das war mal Sitte bei tapferen Kriegern. Denn tapfer bist du gewesen und so einen Schwinger gegen die Rippen, wie ich ihn von dir zu spüren bekommen habe, gibt es nicht alle Tage.“
Und er zog zwei dicke Zigarren aus der linken Anoraktasche und ließ den Rotschopf in die rechte schauen, wo das Metall von zwei Bierdosen aufblinkte. Das überzeugte den Widersacher. „Wann und wo?“, fragte er knapp. „Im Wald, hinterm Friedhof, vier Uhr“, antwortete Tim.

Es klingelte, die Pause war zu Ende. Der Rotschopf sprang von der Mauer und gemeinsam gingen sie in ihr Klassenzimmer.
Es folgte die Biologiestunde bei Direktor Schultheiß. Thema war die artgerechte Haltung von Tieren. Tim meldete sich und legte dar, daß zwar alle von der Massentierhaltung sprachen, aber niemand von der Alltagsrealität der Haustiere. Denn ein Kaninchen auf wenigen Zentimetern zu halten, einen Wellensittich oder einen Hamster im engen Käfig, das komme in allen Fällen der Tierquälerei gleich.
Ein verlegenes Murmeln erfüllte die Klasse, denn fast jeder hatte so ein Kleintier im Kinderzimmer oder im Verschlag hinterm Haus. Direktor Schultheiß stimmte Tim bei. Und auch der Rotschopf schlug nun in die gleiche Kerbe. Die Leute, die sowas machen, die sollten eingesperrt werden, empörte er sich und blickte beifallheischend seinen einstigen Feind an.
So kam es, daß bald etliche Eltern bei Lavens und beim Landrat anriefen und sich beschwerten, Tim und der Rotschopf hätten die Klasse aufgewiegelt. Denn kaum aus der Schule, gingen die Jugendlichen daran, die Käfige und Stalltüren zu öffnen. Hier und da flog ein Sittich laut zwitschernd davon, humpelte ein Meerschweinchen Richtung Gebüsch oder hopste ein Kaninchen über das Feld. Die neu entdeckte, aber falsch verstandene Tierliebe ließ außer acht, daß die für den Käfig und Verschlag gezüchteten Tiere in freier Wildbahn kaum überlebensfähig sind. Etliche Tiere fanden nichts zu fressen oder

wurden rasch das Opfer unbekannter Freßfeinde. Nur wenige kamen, mit Hilfe wildlebender Tiere, die sich ihrer annahmen, mit dem Leben davon.
Als Tim sich mit dem Rotschopf im Wald hinterm Friedhof traf, verblüffte er seinen neuen Verbündeten, indem er einer vorbeifliegenden Elster etwas zurief und sie ihm prompt antwortete. Ein Teufelskerl, dachte der Rotschopf, sogar die Vögel hören auf ihn! Zwischen Holunder- und Weißdornbüschen versteckt, zündeten sie die Zigarren an. Hustend pafften sie den starken Tobak und stießen die Bierdosen aneinander. Dann erzählte Tim von sonderbaren Dingen, die sich im Wald zugetragen hatten und von denen nur Eingeweihte wüßten. „Doch bevor ich dir mehr anvertraue, müssen wir den Freundschaftspakt schließen. Dazu gehört ein Ritual. Wie bei den Freimaurern und den Burschenschaften. Dort liegen trockene Buchenzweige, dazu nehmen wir zwei Blätter von der Edelkastanie dort und ein Stechplamenblatt. So eines habe ich aus unserm Garten mitgebracht. Die Buchenzweige schichten wir auf dem Eichenbaumstumpf da vorne auf und zünden ihn an. Mit der dornigen Stechpalme wird die Innenfläche der rechten Hand aufgeritzt, bis ein Tropfen Blut herauskommt. Dann drückt man sich gegenseitig über dem Rauch kräftig die Hände aneinander und sagt folgenden Spruch auf: Mene tekel, mene takel, mene bene, solum bistrum. Am Schluß legt man die Kastanienblätter auf die Wundmale. Ist das okay?“ Der Rotschopf war Feuer und Flamme. Bald waren alle Utensilien arrangiert, die Hän-

de geritzt, das Sprüchlein aufgesagt und der Pakt geschlossen!
Dann erfuhr der Rotschopf aus erster Hand, was es mit den Anschlägen auf sich hatte, wie die Tiere litten und wie sie ihren Peinigern zu trotzen gedachten. So fühlte er bald ein mitleidiges Herz in seiner Brust schlagen und versprach Tim, alles zu tun, was in seiner Macht stand.
Sein Vater, der Landrat, ein leidenschaftlicher Jäger, der nun in den Nachbarwald auswich, um sein Wild zu schießen, sollte die Bekehrung seines Sohnes als erster spüren. Die scharfe Munition vertauschte der nun Ungehorsame gegen Platzpatronen oder krümmte und verbog heimlich am Gewehr kleine Metallteile und Vorrichtungen, so daß die Waffe hakte und klemmte.

9. Kapitel

Peter Laven träumt von Herrn Gott

Hinter dem Haus der Lavens erstreckte sich eine kleine Wiese, die an den Seiten von Büschen und Bäumen umgeben war und an deren Ende sich eine rote Wand auftürmte. Sie gehörte zu der Felsformation, die sich hinter den Häusern der Waldstraße schräg noch oben bis zum Plateau entlangzog.

Mitten auf der Wiese stand eine alte weitschattende Kastanie, unter der eine geräumige Holzbank zum Verweilen einlud. Das war der Lieblingsplatz von Tims Vater. Oft saß er hier, tastete gedankenverloren mit den Augen die steile Felswand ab oder kritzelte Notizen in ein zerfleddertes Heft. Peter war Schriftsteller und gelegentlich journalistisch tätig.

Eines Tages, als er mit Sarah dort saß, eine Tasse Tee in der Hand, sagte sie zu ihm: „Irgend etwas liegt in der Luft. Ich kann es deutlich spüren. Es gehen Dinge vor, dir mir unheimlich sind."

„Du meinst die Ereignisse der letzten Zeit?", fragte Peter.

„Und was Tim über die Tiere sagte", erwiderte Sarah, „das ist gar nicht seine Art, so zu phantasieren."

„Seit dem Unwetter, dem Blitzeinschlag", überlegte Peter, „passieren diese Dinge. Übrigens hatte ich einen seltsamen Traum die letzte Nacht."

„So? Was hast du denn geträumt?", fragte Sarah neugierig.

„Ich träumte von Herrn Gott!“, antwortete Peter mit bedeutsamem Blick.
„Von Herrn Gott?“, fragte Sarah, „oder dem Herrgott?“
„Nein, von Herrn Gott. So nannte er sich. Um die fünfzig war er, etwas behäbig, die Haare und der buschige Vollbart schwarz. Er trug eine Baskenmütze.“
„Fast dein Ebenbild“, lächelte Sarah.
„Nicht ganz“, gab Peter zurück, „er war größer, sein Gesicht runder. Ich träumte, ich säße im Café Moselblick. Da kam er daher, ein stolzer Mann. Er fragte mit tiefer Stimme, ob er sich zu mir setzen dürfe. Gestatten, mein Name ist Gott, Herr Gott, sagte er. Dann fragte er mich, wie ich das mit den Menschen sehe. Ob die Welt noch zu retten sei. Ich antwortete, daß ich es nicht wisse, und fügte belustigt hinzu, daß er doch, wenn er Herr Gott heiße, bestimmt eine Antwort habe. Er lachte mir frei ins Gesicht: ‚Natürlich weiß ich eine. Aber mich würde interessieren, wie du, als Mensch, die Lage einschätzt. Schließlich schreibst du ja darüber.’“
„Und, was hast du geantwortet?“, fragte Sarah ungeduldig, als Peter langsam seinen Tee schlürfte.
„Ich wiederholte, ich wisse es nicht“, antwortete Peter. „Dann fügte ich hinzu, daß es sein könne, daß es schlecht ausgehe. Darauf erwiderte Herr Gott, er sehe das ähnlich, darum müsse er nun handeln.“
„Er müsse handeln?“
„Ja, er müsse handeln. Einen gewaltigen Blitz müsse er zur Erde schicken. Dieser würde den Anstoß geben, damit alles wieder auf den rechten Platz rücke, wie das am

Anfang einmal war, bevor der Mensch seine – er betonte – seine Erde zu demolieren begann. Genau so sagte er: zu demolieren begann."
Peter schwieg und stellte seine Tasse auf ein Tischgestell neben der Bank. Dann streckte er seine Beine aus. Nachdenklich tastete er mit den Augen wieder die hohe Felswand ab. Sie schien glatt und nicht zu erklimmen. Doch hier und da fielen ihm Vorsprünge auf, scharfe Kanten und Wölbungen, aber auch Einschnitte, die aussahen wie kleine Stufen. Je mehr er schaute, umso zugänglicher kam ihm die Felswand vor. Er lächelte. Genauso beschrieb es sein Lieblingsschriftsteller in einem Gedicht. [5]
„Und wie ging es weiter?", unterbrach Sarah seine Gedankengänge.
„Herr Gott sagte, er wisse von meinem Buch. Es wäre nicht schlecht. Aber ich müsse mir jetzt schon Gedanken machen, wie es weitergehen sollte nach der Wende. Denn eine Renaturierung stände an."
„Wende, Renaturierung?", fragte Sarah ungläubig.
„So ist es", nickte Peter, „Wende und Renaturierung. Dann wurde er auf einmal wütend und rief, daß er sich für die Menschen schäme. ‚Sie wollten unbedingt den freien Willen, den hab ich ihnen gegeben. Und was haben sie damit gemacht? Sich Jahrtausende darin geübt, Kriege zu führen und die Erde zu zerstören. So war das nicht abgemacht! Aber ich will euch nun zeigen, wo der

---

[5] Conrad Ferdinand Meyer: *Die Felswand* in *Gedichte* (1882 ff.)

Hammer hängt, denn immerhin sitze ich am längeren Hebel!' Dann stand er auf, verbeugte sich, knipste mir ein Auge und, schwupps, löste er sich in Nebel auf."

„Du meine Güte", erwiderte Sarah, „da wird es mir seltsam zumute. Aber vielleicht haben sich in deinem Kopf diese Dinge so gefügt, ich meine, wie du sie vielleicht grade am schreiben bist. Und die Ereignisse der letzten Zeit haben sich dareingemischt und eine Hoffnung, daß es besser wird."

„Der Traum war zu real", sagte Peter, „Es gibt einiges zwischen Himmel und Erde, was sich uns im wirklichen Leben verschließt und nur so ein Gesicht bekommt. Es hatte was Prophetisches."

10. Kapitel

Ein gemütlicher Abend

Der Traum beschäftigte die beiden noch eine ganze Weile. Peter schien nachdenklicher als sonst und verschanzte sich oft stundenlang in seinem Arbeitszimmer, um seine Ideen, wie eine Wende oder eine Renaturierung stattfinden könnte, niederzuschreiben.

Es war Mitte Juni, die Laubbäume hatten längst ihre Blätter entfaltet. Auf der Wiese der Lavens umschwirrten Insekten die Blüten von Minze, Johanniskraut und wildem Dost und bunte Schmetterlinge kreisten über Schaumkraut und Hahnenfuß. Der zitrusartige Geruch des Wermuts vermischte sich mit dem balsamischen Duft der Rosenstöcke und des Lavendels. Hier schien die Welt noch in Ordnung.

Von der extremen Hitze früherer Jahre war kaum etwas zu spüren. Trotzdem blieben die ausgelaugten Ackerböden und teilverwüsteten Wälder im Sommer trocken. Die von schweren Maschinen verdichteten Böden konnten kaum mehr Wasser halten. Der übermäßige Regen erodierte die Böden und Hänge oder bildete sumpfige Pfützen auf Feldern und Wiesen. Er tränkte weder die nach Nahrung lechzenden Pflanzen im gewünschten Maße, noch entspannte er die Grundwasserlage nachhaltig.

Während die Moselstädter alles dem Klimawandel zuschrieben – als einer höheren Gewalt, auf die sie vielleicht einmal Einfluß hatten, an der aber jetzt nichts mehr zu ändern sei –, wurden sie nicht müde, sich um

Personalien oder städtische Angelegenheiten zu streiten, während sich in Wald, Flur und Stadt eine Subkultur entwickelte und wie ein großer Schatten langsam über die Menschen auszubreiten begann.
Die größeren Tiere, die vor der Treibjagd aus dem Mohrenkopfwald in den sicheren Steinbruch und in die Höhlen geflohen waren, hielten sich weiterhin dort versteckt. Den Förstern und Jägern, die nun eifrig den Wald durchstreiften, fiel auf, daß sich tatsächlich nirgendwo ein Wildtier aufstöbern ließ. Das Wild schien wie in Luft aufgelöst. An die Verstecke dachte niemand, da der alte Steinbruch als unzugänglich galt und von den Beamten seit Jahren nicht mehr besucht worden war.
So kamen sie zum Schluß, daß Tierschützer das Wild mit kriminellen Tricks davongelockt hatten, und forderten die Nachbargemeinden auf, ihre Forste ebenfalls zu inspizieren. Diese taten es augenblicklich, stellten aber nichts Außergewöhnliches fest.
Das und anderes diskutierte die kleine Gesellschaft, die sich eines Abends bei den Lavens traf. Zu Gast waren der Professor und Förster Eberstrauch. Rosi, die Frau des Försters war zuhause geblieben, da ein Töchterlein sich erkältet hatte und etwas fieberte.
Tim hatte angeboten, die Gäste zu bewirten, indem er stets für volle Gläser sorgte und daß etwas Herzhaftes auf dem Tische stand. Manchmal, sah keiner hin, gelangte auch etwas Prickelndes in sein Limonadenglas. Zuerst sprachen sie über den Anschlag auf die Jagdgesellschaft. Die Waidmänner hatten nach ihrer Mißhand-

lung damit gerechnet, die Bevölkerung würde für sie Partei ergreifen, was zu ihrem Bedauern aber ausblieb. Der Förster gab zu, daß er die Auswüchse der Jagdleidenschaft mehr als kritisch sehe. Das rechtfertige aber nicht die Mißhandlung der Beteiligten. Im Grunde war er der Meinung, daß Förster, die schließlich Akademiker waren, wohl am besten wissen, wie man mit Wald und Wild umgehe.

„Die Jagd bringt aber Geld", meinte Sarah, „auch für deinen Forst, Eberstrauch."

Der Förster zuckte resigniert mit den Schultern.

„Und es ist Tradition", warf Peter ein. „Tradition ist ein starker Klebstoff, der schweißt zusammen."

„Traditionen sind wie schöne Gefäße", brummte der Professor, „man kann sie mit hübschen Dingen füllen oder reinem Blödsinn!"

„Aber es ist Brauchtum", antwortete Peter, „sowas wie Urvätersitte oder altehrwürdig."

„Blödsinn bleibt Blödsinn, wenn auch Jahrhunderte alt", winkte der Professor ab.

„Wie geht es eigentlich Hubert?", fragte Sarah dazwischen.

„Vielleicht wurde er bekehrt und ein Heiligenschein krönt nun sein Haupt", antwortete der Professor verschmitzt, „so wie seinem Namensvetter. Seid ihr sicher, daß dem Fuchs kein Kruzifix zwischen den Ohren geblinkt hat?"

Der Förster räusperte sich. Auch wenn Hubert es manchmal wüst trieb, so besaß er doch seine Achtung.

Es fiel ihm schwer, über einen Freund zu lästern. „Von wegen Heiligenschein!“, grummelte er. „Als ich ihn besuchte, versprach er, die Füchse eigenhändig auszurotten.“

Tim horchte interessiert auf. Hatte Direktor Schultheiß nicht vor kurzem von der Legende mit dem weißen Hirsch erzählt, der einem berüchtigten Jäger namens Hubertus erschien? Der Jäger zielte auf das kapitale Tier, dann sah er ein Kruzifix zwischen den Geweihgabeln leuchten und wurde zum Christentum bekehrt. „Ich habe von dem weißen Hirsch gehört“, rief er aufgeregt dazwischen, „und das mit dem Kruzifix. Hubertus soll der Jagd abgeschworen haben.“

„Ja, Tim, so heißt es“, antwortete der Professor, runzelte aber die Stirn. „Er gilt den Jägern als Schutzpatron. Contradictio in adiecto! Eine zur Tatsache verdichtete Paradoxie. Ein Auslöschen gesunden Menschenverstandes: der Jäger als Pazifist und Beschützer der Tiere!“

„Die Jäger betreiben Naturschutz“, warf Eberstrauch ein, „sie legen Biotope an und lassen den Tieren ein paar freie Flecken.“

„Bei uns soll aber kein Stück Wild im Wald mehr sein“, warf Peter ein.

„Das wundert mich nicht“, erwiderte der Professor, genüßlich an einer Zigarre paffend, „die Tiere haben etwas spitzgekriegt und sind geflüchtet. Herr Gott allein weiß, wohin.“

Peter zuckte zusammen, als er die Worte Herr Gott vernahm, und starrte den Professor an. Dieser hob sein

Weinglas, prostete ihm leutselig zu und nahm einen großen Schluck.
„Es ist kein Wunder, daß die Fersengeld geben", fuhr Eberstrauch fort, „der Wald ist auf knapp achtzehn Prozent zurückgestutzt. Die Ackerflächen breiten sich aus wie Wüsten. Auch wird gebaut auf Teufel komm raus."
„Und das trotz der ganzen Aufstände der Naturschützer", bemerkte Sarah.
„Nicht trotz, sondern wegen", gab der Professor beschwingt zurück, „da treiben tief verwurzelte Ängste ihr Unwesen und verdrehen alles ins Gegenteil."
„Eher tief verwurzeltes Kapital", spöttelte Eberstrauch und nickte Tim zu, der ihm das leere Glas füllte.
„Und doch, Widerstand kann auch nützen", sagte Peter vergnügt, „erinnert ihr euch, als man damals den Gesundheitsminister absetzte?"
„Oh je", erwiderte Sarah, „da fiel sogar beim Dümmsten der Groschen!"
„Du meinst bei den Politikern?", spöttelte der Förster und genehmigte sich einen Wacholderschnaps, den er eigens mitgebracht hatte.
„Wißt ihr noch, als sie uns aus dem Theater wiesen, weil wir den Gesundheitspaß an der Kasse nicht vorzeigten?", fiel Peter ein. „Und als sie erfuhren, daß wir gar keinen haben, drohten sie mit Anzeige!"
„Ich habe den Paß gleich entsorgt", bemerkte der Professor. „Darin stand, ich sei verpflichtet, jedes Hüsteln zu melden, jedes Reißen in den Gliedern, jede kleine

Kreislaufschwäche zu Protokoll zu geben, um nur ja die Volksgesundheit nicht zu gefährden."
„Es könnte ja eins von den Millionen Tierchen sein, die überall versteckt darauf warten, uns anzugreifen. Die Ursache aller Krankheiten!", fuhr Sarah fort, die Wangen schon leicht gerötet. „Nicht die Abgase in der Stadt und die Gifte auf den Feldern und Weinbergen machen uns krank, nicht der Lärm, die schlechte Ernährung oder der Elektrosmog, das alles ist unbedenklich. Aber diese kleinen Mörder – schwupp, sie greifen dich am Schlafittchen und du bist dahin! Bestimmt lauern sie auch hier. Gut, daß wir Desinfektionsmittel dabeihaben!" Sie goß sich Eberstrauchs Wacholderschnaps randvoll ein und kippte ihr Glas in einem Zug hinunter.
„Aber der Fuchs", ging es ihr plötzlich durch den Kopf, „was war mit dem Fuchs?"
„Welchem Fuchs?", fragte Peter.
„Nun, dem Fuchs in Huberts Garten", sagte sie ungeduldig. „Von wegen Tollwut. Der hat Hubert provoziert! Und die Vögel, die die Jäger zerhackten. Das erinnert doch an –"
„Hitchcock?" half ihr der Professor.
„Nein, eine Kinderserie", winkte Sarah ab, „wie hieß sie noch?"
„Eine dieser Zeichentrickfilme, wo Tiere sich wehrten oder den Wald verließen? Tim, du kennst sie bestimmt!", knipste der Professor dem Jungen schelmisch ein Auge.

„Doch diesmal ist es anders“, widersprach Tim trotzig, „die Tiere planen einen Aufstand und eine Flucht! Das sagte ich meinen Eltern schon.“
Der Professor lächelte und Eberstrauch schüttelte unwillig den Kopf.
„Alles Unsinn“, schimpfte der Förster, „Tiere können nicht denken, schon gar keinen Aufstand anzetteln oder bewußt irgendwohin flüchten!“
Kaum war der Satz gesagt, flog ein Buntspecht herbei und setzte sich auf die Balustrade, die die Terrasse umgab. Es war Gina, die von einem fröhlichen Ausflug zurückkam. Neugierig schaute sie in die überhitzten Gesichter, auf die Gläser und plärrte ein paar Takte. Tim fuchtelte unauffällig mit der Hand, sie solle verschwinden. Gina jedoch spreizte die Flügel, flog auf den Boden und stelzte hocherhobenen Hauptes um den großen Eichentisch herum. Bei Tim blieb sie kurz stehen, legte eine Flügelspitze an den Schnabel, als wollte sie pssst sagen und hüpfte dann ein wenig holprig die Stufen auf die Wiese hinunter. Unter der Kastanie blieb sie reglos stehen, so, als ob sie über etwas sinniere.
Die Gesellschaft war verzückt und Sarah spöttelte:
„Der Specht verhält sich sonderbar, er wird doch kein Virus haben?“
„Mitnichten“, antwortete Eberstrauch, „das ist ein zahmer Specht. Leute, die am Waldrand wohnen, füttern die oft, so daß sie zutraulich werden.“

Auf einmal krächzte Gina wie ein Rabe, nahm Anlauf und flog, einige Kreise und Mäander drehend, krakeelend in Richtung Wald davon.
„Schaut mal, was der für Töne macht und wie krumm der fliegt“, bemerkte Eberstrauch, „entweder ich hab zuviel getrunken oder der Vogel!“

11. Kapitel
Der Aussteiger

In der Stadt und der Umgebung wurden Diebstähle gemeldet. Das Diebesgut bestand vorwiegend aus Getreide, Samen, Gemüse und Obst, stibitzt aus den Scheunen und Lagerräumen der Bauern und Händler. Auch manche Felder sahen gerupft und wie leergefressen aus. Die Bauern waren ratlos. Denn wer außer den Waldtieren, die sowas taten, aber verschwunden waren, konnte dafür verantwortlich sein?

Tim fiel das Gespräch mit der Gans am Moselufer ein. Die Tiere, die sich zusammengetan hatten und fortan Vegetarier waren, brauchten Nahrung.

Die Bevölkerung und die Polizei hatten bald Flüchtlinge und Obdachlose in Verdacht, die sich, am Rande der Gesellschaft lebend, organisiert haben sollten. Außerdem gab es Systemverweigerer, denen unterstellt werden konnte, geheime Bündnisse und Verschwörungsvereine zu bilden.

Einige dieser Subjekte hausten in zerfallenen Fabrikgebäuden, Häuserruinen und im Wald, andere angeblich sogar in verfallenen Stollen und abgelegenen Höhlen.

Und tatsächlich, in einer der vielen Sandsteinhöhlen im Mohrenkopfwald hatte sich ein Aussteiger eingenistet. Sein Name war Emil Ramboux, von den Moselstädtern einfach Rambo genannt. Er war in Moselstadt geboren, zog aber früh als Globetrotter um die Welt. Sein letzter Aufenthaltsort war Paris, dort lebte er als Clochard, bis ihn das Heimweh nach den Moselbergen zurücktrieb.

Nun hauste er obdachlos am Rande seiner alten Stadt auf einem kleinen Höhenzug. Von dort oben sah er die Dunstglocke über den Häusern wabern, sah die vollgestopften Straßen und hörte den ewigen Lärm. Manchmal begab er sich in die Stadt, saß am Hauptmarkt und sah dem Strom der Menschen zu. Was für ein Volk, dachte er, immer kränker und fetter!

Rambo war sehr direkt. In Paris hatte er Molière und Voltaire studiert, in Moselstadt den Gulliver, seitdem war er das, was man einen Misanthropen[6] nennt.

Übrigens gab es zwei Dinge, die Rambo aufs tiefste verabscheute – Alkohol und Smartphones. Letztere noch ein wenig mehr.

Bald, so stichelte er, würde man auf sogenannte Climenolen zurückgreifen müssen. Einem Bettelbruder hatte er das einmal so erklärt: „Climenolen, das sind speziell ausgebildete Personen, sogenannte Aufwecker. Sie tragen kurze Stöcke. An deren Ende baumelt ein großer Kieselstein. Wenn die Leute im Banne des Smartphones weder sprechen noch zuhören noch reagieren, werden sie von dem Aufwecker, der sie immer begleitet, schwungvoll mit dem Kieselsteine am Hörorgan gestupst und damit aufgeweckt.“

Daß Climenolen in Zukunft unverzichtbar würden, zeigten, laut Rambo, die Diebstähle und Einbrüche, deren Anzahl laut Statistik massiv zugenommen hatte. Denn wer merkte es schon, gänzlich von seinem Smartphone verschlungen, wenn ein Dieb mit beiden Händen in die

---

[6] Misanthrop: Menschenfeind

Tasche griff, den Rucksack plünderte oder in die Wohnung kletterte? Sogar eine Vergewaltigung habe es gegeben, beteuerte er. Eine junge Frau bekam das Malheur erst mit, als ihr Akku leer war. Darum, dachte Rambo, würde er bald Millionär werden, wenn sein Patent auf die Climenolen erst angemeldet sei. Daß diese Idee geklaut war, würde sowieso niemand merken, da keiner mehr die fliegende Insel Laputa kenne, wo vorzeiten diese Maßnahme von großem Nutzen war. Dort hatte es damals Gelehrte gegeben, die so intensiv nachdachten, daß sie rundherum alles vergaßen und sich Climenolen hielten, die sie auf die beschriebene Weise weckten.[7]

So schrieb er einen Brief, sein Patent anzumelden, bekam zu seinem Verwundern jedoch nie eine Antwort.

Irgendwann wurde Rambo das Treiben und Lärmen unerträglich. Er packte seinen großen Rucksack und machte sich auf zu den Sandsteinfelsen im Wald. Er wußte, dort gab es Stollen und Höhlen, und eine besondere, die er seit Kindheit kannte, hatte er im Sinn.

Mit Müh und Not bewältigte er, den Rucksack hinter sich herschleifend, den steilen, mit dornigem Gestrüpp und Robinien bewachsenen Hang, der zur Höhle führte. Vor dem Höhleneingang schaffte er Steine und Geröll zur Seite, bis er bequem hineinschlüpfen konnte. Gebeugt ging er durch einen kleinen Gang, der zu einem größeren Raum führte. Mit der Taschenlampe beleuchtete er Wände und Decken. Oben hingen ein paar Fledermäuse. Einzelne Tiere wurden durch das Licht irritiert,

---

[7] Jonathan Swift: *Gullivers Reisen* (1726)

lösten sich ab und flirrten herum. Am hinteren Ende zweigten mehrere Gänge ab, die tief ins Innere führten. Diese wollte er später erkunden, zuerst galt es, sich einzurichten. Hier war es trocken, auf dem Boden lagen Sandhaufen und kleine Gesteinsbrocken. Rambo packte seine Sachen aus: Schlafsack, Decke, Kerzen, Lebensmittel und Bücher.
Tagsüber streunte er von da an nur selten im Wald umher, er mied die Menschen, wo er konnte. So ging er meist nachts hinaus oder in der Morgendämmerung. Das hatte zur Folge, daß seine in der Stadt durch Lärm und Lichtreize verkümmerten Sinne sich wieder schärften. Bald sah er wie ein Adler und hörte wie ein Luchs. Auch vertrug er sich mit den Fledermäusen, die sein Lager teilten, und den Waldtieren, die nichts Böses von ihm zu befürchten hatten.
Einmal die Woche mußte er leider runter zur Stadt, um Lebensmittel zu besorgen. Entweder lebte er von den Abfällen der Supermärkte oder der Tafel[8]. Im Sommer bediente er sich von den Feldern oder stibitzte das frische Obst und Gemüse frühmorgens aus den Gärten. Auf seine Bildung gab er besonders acht. In Moselstadt standen an einigen Plätzen geschützte Regale mit Büchern, die sich jeder nehmen durfte. Um seine wachsende Büchersammlung unterzubringen, hatte sich Rambo aus kleinen Stämmen und Ästen eine Art Gestell gebaut, welches die ganze Seite seines Höhlenzimmers ausfüll-

---

[8] Tafel hieß eine Institution zur Versorgung Bedürftiger mit Lebensmittelspenden.

te. Dieses gemütliche Zimmer hatte er sich unter all den Räumen und Kammern des großen Höhlenkomplexes ausgesucht, da es eine kleine Öffnung zur Schluchtseite hin hatte, die den Raum dezent belüftete. Denn abends, wenn es kalt war, legte er Scheite zusammen und zündete ein kleines Lagerfeuer an. Daran wärmte er sich oder las im lodernden Schein eines seiner Lieblingsbücher. Wurde er müde, so schlief er wohlig eingepackt im Schlafsack, auf weiches, trockenes Laub gebettet, welches er im Wald gesammelt hatte.

Rambo kam gerade aus der Stadt zurück und war auf halbem Wege nach Hause, als das Unwetter losbrach. Unter einer tief ausladenden Eibe suchte er Schutz und lehnte sich sitzend an den Stamm. Schläfrig geworden, döste er vor sich hin, wie Tim in der Fichtenschonung, und erschrak beim Donnerschlag. Er hatte das Gefühl, als ginge ein Knistern durch seinen Körper, in seinem Kopf flimmerte es. Er schüttelte sich kräftig. Dann ging er los mit großen Schritten, den vollgepackten Rucksack geschultert. Die frische kräftige Waldluft tat gut. Zwischendurch legte er noch manche Pause ein, da seine Last schwer war und er nicht mehr der jüngste.

Als er nach einer Stunde den Haupteingang der Höhle erreichte, entfernte er das Geäst und rollte den Stein weg. Er schlich durch einige Gänge, begleitet von Fledermäusen, die ihn hektisch umschwirrten. Dann blieb er verdutzt am Eingang seines Zimmers stehen. Jemand hatte in seinen Sachen gewühlt! Die Bücher lagen, teils aufgeschlagen, teils zerfleddert, im Kreis umher. Laut fluchend ging er daran, aufzuräumen und rätselte, wer das gewesen war. Dann vernahm er Stimmen, es flatterte wieder um ihn her, und dauernd rief jemand: „Yahoo, Yahoo!“

Rambo schaute sich um. Immer mehr Fledermäuse flogen in sein Zimmer hinein, hängten sich an die Decke oder ließen sich auf dem Boden nieder.

„Schluß mit dem Lärm“, rief er in die Runde, „haltet endlich den Schnabel!“

„Warum so garstig?“, rief eine Stimme.

„Wieso Schnabel?“, eine zweite.

„Was soll das?“, fragte Rambo mürrisch, sich die Augen reibend, „bin ich am schlafen? Quält mich ein Albtraum?“

Er setzte sich auf sein Lager. Einige Tiere ließen sich vor ihm nieder. Sie sahen ihn mit großen Augen an.

„Du mußt das Unwetter bemerkt haben und den Blitz“, sagte ein größeres Exemplar, „irgend etwas hat uns verstrahlt und ganz aufgeregt. Wir flogen überall herum und stießen auf deine Bücher und dann – wir konnten sie lesen!“

„Ihr wart das also“, murmelte Rambo und wunderte sich, wie schnell sie damit durch waren. Ein Buch sah besonders zerfleddert aus. Er nahm es in die Hand. Es war *Gullivers Reisen*.

„Das Yahoo-Buch“, rief jemand aufgeregt und wies mit der Flügelspitze darauf.

Rambo dämmerte es. Das Buch enthielt eine Abrechnung mit der Menschheit, die schärfer und bissiger nicht sein konnte. Der Autor, ein Engländer, nahm sich die Unverschämtheit heraus, die Menschen mit bösartigen und hinterhältigen Affen zu vergleichen. Er nannte sie Yahoos.

„Nein“, wehrte er ab, „ich bin kein Yahoo. Wie der Mann in diesem Buch verachte ich die Yahoos. Warum, meint ihr, lebe ich sonst hier?“

Die Fledermäuse schwiegen eine Weile und warfen sich Blicke zu.

„Dann bist du Gulliver“, warf jemand in den Raum.

„Ich bin Emil, nichts weiter“, bemerkte er grummelnd.

„Emil? Mit der Lokomotive?“ Es folgte ein Kichern, dann fingen alle an, durcheinanderzuschwatzen.

„Ich bin Tartüff“, rief ein Flattertier aus der hinteren Reihe, „und neben mir, das ist mein Freund Homer!“

„Gestatten: Hamlet“, rief ein anderer.

„Der Name Hamlet gehört aber schon mir!“

„Ich hatte den zuerst, du bist Güldenstern.“

„Und ich bin Napoleon, der große Schatten!“

„Und ich der berühmte Sherlock Holmes!“

„Ich bin Winnetou!“

„Und ich Lady Chatterly“, piepste ein Weibchen.

So ging es Schlag auf Schlag. Die Fledermäuse schienen durch die Energie des Blitzes intellektuell aufgeladen.

„Schluß jetzt!“, rief Rambo, das Gesicht rot vor Ärger. Endlich trat Stille ein. Verlegen blickten die Flattertiere umher.

Rambo begann sie zu prüfen und stellte viele Fragen, welche die Tiere exakt beantworteten. Er dachte zu träumen. Und als er irgendwann erschöpft einschlief, war er sicher, am nächsten Morgen sei der Spuk vorbei. Doch als er tags darauf erwachte und ihm rundherum ein guter Morgen gewünscht wurde, wußte er, es war real.
Bevor die Dinge mit der Jagd passierten, bekam er Besuch von Felix und Leo. Gewöhnt, nur mit Fledermäusen zu sprechen, war Rambo überrascht, auch mit einem Hund und einem Wildschwein plaudern zu können. Sie verständigten sich darauf, eine große Anzahl von Waldtieren in den weitläufigen Gängen und Stollen zu verstecken. Obwohl es in den Höhlen gefährlich war, Steinschlag und Einsturz drohten, fühlten sie instinktiv, das Schicksal meine es gut mit ihnen.

12. Kapitel

Der Schlachthof

Langsam gingen die Tiere daran, an die große Flucht zu denken. So saßen sie eines Nachmittags, es war ein Freitag, in Rambos gemütlicher Höhle rund um die Feuerstelle. Keiler Leo hatte es sich auf Rambos Laubbett gemütlich gemacht, neben ihm kauerten die beiden Rehe Tristan und Elfi, ihnen gegenüber saßen Tim und der Rotschopf, daneben Hund Felix, Fuchs Fritz und die Ente Trudi. Gina und Tina beobachteten die Runde vom Bücherregal aus.

Diesmal war auch ein Graureiher anwesend, den Leo ausschicken wollte, eine sichere Route zunächst nach Polen zu erkunden, bevor es weiter nach Rußland gehen sollte. Diese Strecke war dem Reiher jedoch schon gut bekannt. Er berichtete: „Überall, von oben gesehen, das gleiche Bild. Kaum Waldinseln, aber viele Siedlungen, Industrieanlagen und dann immer diese Straßen und Schienennetze, die kreuz und quer die gesamte glattrasierte Landschaft überziehen. Hinter der Grenze zu Polen jedoch erstreckt sich ein größeres Waldgebiet, welches unter Naturschutz steht.“

„Wir lassen sie in zwei Tagen ziehen. In wenigen Wochen ist Polen erreicht, dann geht’s weiter nach Rußland“, meinte Leo pragmatisch, der sich die Erde ziemlich klein vorstellte.

Rambo schüttelte den Kopf. „So geht das nicht, Leo. Große Städte und Ortschaften sind zu umgehen, Flüsse zu überqueren, Schienen, Autobahnen, meilenweite

Ackerwüsten zu überwinden. Das grenzt ans Unmögliche."
„Es gibt Unterführungen und Brücken für Wildwechsel", sagte der Graureiher, „auch über die Flüsse."
„Trotzdem", erwiderte Rambo, „das wird Monate dauern. Außerdem, rechnet damit, daß viele Tiere sich euch anschließen werden."
„Wir fliegen heute noch los", erwiderte der Graureiher, „dann sprechen wir mit den Tieren, die entlang der Route leben. Wir werden schon eine Lösung finden."
„Wenn die Tiere flüchten", meldete sich Tim, „wäre es dann nicht von Vorteil, die Bevölkerung einige Zeit abzulenken und nebenbei ein gutes Werk zu tun?"
„Ablenken?", fragte Rambo, „willst du irgendwas in die Luft sprengen, ein großes Feuer entfachen oder ein Virus in die Welt setzen?"
Tim lächelte. „Ein paar Kilometer von Moselstadt, nahe beim Dorfe Wittfeld, steht am Rande des großen Industriegebietes ein riesiger Schlachthof!"
„Es geht ja nicht nur ums Wild", mischte sich aufgeregt der Rotschopf ein, „denkt auch an die armen Masttiere. Sie erleben Schreckliches!"
„Und sie können nicht fliehen oder sich verstecken wie ihr", fuhr Tim fort, „erst werden sie in engen Ställen gemästet, gequält und mißhandelt, und dann schlachtet man sie brutal ab!"
„Und bis oben hin stopft man sie voll mit Medikamenten", rief der Rotschopf, „damit sie durchhalten bis zur

Schlachtung. Und dann wird ihr krankes Fleisch verkauft als gesundes und schmackhaftes Lebensmittel!“
„Der Mensch ist pervers“, rief Felix empört, „dazu kommt, daß er willkürlich entscheidet, wer ein Liebling ist und wer gefressen wird. Und wenn einer seinen Liebling, einen Hund wie mich oder eine Katze tötet, fließen heiße Tränen. Aber geht’s ums Essen, haben sie keine Bedenken mehr und werden zu Monstern!“
„Ein asoziales Pack ist das!“, rief Trudi empört.
Fassungslos schauten die Tiere sich an. Die Massentierhaltungen bildeten fraglos eine, die großen Schlachthäuser eine andere Perversität und ein Skandalon der damaligen Zeit. Da die Gier nach Fleisch in der Region und in Moselstadt immer weiter gestiegen war, trotz oder sogar infolge aggressiver Klimaproteste, reichten die Kapazitäten des Wittfelder Schlachthofes bald nicht mehr aus. Ein chinesischer Investor witterte Profit, kaufte das Gelände zu einem attraktiven Preis und setzte noch ein paar Gebäude dran. Ehemals wurden nur Schweine dort geschlachtet, nun erweiterten die Chinesen die Speisekarte durch Pferde, Rinder, Lämmer, Papageien und anderes exotische Geflügel.
Und bald kursierte das Gerücht, dort würden auch Hunde, Katzen, Meerschweinchen und alle anderen Lieblinge der Deutschen geschlachtet. Ein Aufschrei ging durch das tierliebende Volk. Tierschützer verschafften sich eines Nachts Zutritt zu den Gebäuden und konnten tatsächlich Käfige mit Haustieren fotografieren. Doch die Fotos tat man als gefälscht ab. Ein Veterinär, der die

Sache überprüfte, konnte nichts Auffälliges entdecken. Aber Insider wußten, daß weiterhin Haustierfleisch unter der Hand für spezielle Gourmets zubereitet und teuer verkauft wurde. Begehrt waren Hundefilets von Chihuahua, Dackelschinken, gebratene Schulter vom Golden Retriewer, Katzenfilet, blanchierte Hamsterbacken oder Nierchen von Wellensittichen.

Doch die Medienöffentlichkeit war schnell wieder beruhigt, als sie den Chinesen seine Unschuld beteuern sah. Unverdrossen durfte er weiter billiges Fleisch für jedes Portemonnaie produzieren.

Die Tierschützer indessen ließen sich nicht beirren. Fast täglich saßen sie abwechselnd vor dem großen Haupttor der mächtigen Schlachterei und hielten Mahnwachen ab.

Doch zurück zu unserer Versammlung. Gina meldete sich, sie würde gerne am nächsten Tag mit ihrer Freundin Tina zu dieser Großschlachterei fliegen und sehen, was da vor sich ginge.

„Eine gute Idee“, meinte Leo, „die Graureiher fliegen die Fluchtroute ab, und ihr beide, Gina und Tina, spioniert den Schlachthof aus.“

So war es abgemacht. Früh am nächsten Morgen flog der Graureiher mit seinen Kumpanen los Richtung Polen. Gina und Tina machten sich auf zum Schlachthof und kehrten am späten Nachmittag zurück.

Als sie in der Höhle eintrafen, wurden sie mit Spannung erwartet.

„Wir haben alles angesehen, jede Ecke und Kante“, fing Gina an, „und sind reingeflogen in die Ställe, wo die Tiere auf die Schlachtung warten. Wir haben mit ihnen gesprochen!“
Gina hielt inne und schaute in die Runde, um ihre Worte wirken zu lassen. Es war mucksmäuschenstill, alle Augen waren starr auf sie gerichtet.
„Sie haben Todesangst und viele sind sehr krank. Ich sagte ihnen, wir werden bald kommen. Dann flogen wir weiter, in den Trakt, wo die Schlachtung stattfindet. Was wir dort gesehen haben …“, Gina mußte schlucken, eine Träne quoll aus ihrem Auge. „Wir müssen handeln, und zwar schnell!“
Bedrückung machte sich breit, aber auch Wut und Empörung.
„Ich fliege mit!“, rief Trudi, deren Federn sich in alle Richtungen sträubten, „diesem elenden Gesocks werden wir das Handwerk legen!“
„Das sind reinste Höllenorte“, sagte Rambo, „Beweise für die völlige Verrohung des Menschengeschlechts.“
„Wie wollen wir konkret vorgehen?“, unterbrach ihn Fuchs Fritz.
„Den Strom müssen wir abschalten“, rief Tim und dachte an die Stromausfälle der letzten Jahre, als alles lahmgelegt wurde.
„Dort muß es Hochspannungsleitungen geben, die den Schlachthof und das Dorf in der Nähe versorgen“, überlegte Rambo.

„Ja!“, rief Gina, „die haben wir gesehen, riesige Türme, eine ganze Trasse. Soll ich die umhacken?“
„Nein“, lachte Rambo, „du verbiegst dir nur deinen Schnabel, das ist harter Stahl.“
„Aber es gibt andere Möglichkeiten“, meldete sich der Rotschopf, „ich habe darüber gelesen.“
„Wir sprengen die Masten?“, unterbrach ihn Tim.
„Nein“, erwiderte der Rotschopf, „wenn die Vögel aus der Luft z. B. Metallseile oder ähnliches darüberwerfen, so entstehen Kurzschlüsse. Dann macht es Peng und alles ist tot.“
„Im Schlachthaus gibt es aber Notstromaggregate“, warf Rambo ein, „die funktionieren mit Sprit.“
„Mit denen kenne ich mich aus“, antwortete der Rotschopf, „mein Onkel hat auch so ein Ding in seinem Betrieb.“
Der Junge schien handwerklich sehr begabt, denn in aller Ausführlichkeit erzählte er, wie solche Geräte funktionieren und wie einfach es ist, sie zu zerstören. „Und“, so fuhr er fort, „wenn der Strom ausgefallen ist und ihr seid im Schlachthaus, so geht hin und zerstört alle Kabel, Leitungen und Geräte, die ihr findet. Auch die Computer und Schaltanlagen!“ Als der Rotschopf endete, blickte er verschlagen um sich und ballte die Fäuste.
„Wir brauchen die Nager, Mäuse und Ratten“, fuhr Keiler Leo fort. „ihr müßt sie vor Ort zusammentrommeln. Und du, Rambo, dich brauchen wir auch, du könntest dich um die Tierschützer kümmern, vielleicht helfen sie uns.“

„Da fährt bestimmt ein Bus hin“, antwortete Rambo, „aber leider, mir fehlt das nötige Kleingeld.“
Kaum hatte es das erwähnt, kramten Tim und der Rotschopf ihre Münzen und kleinen Geldscheine hervor.
Rambo dankte. „Wann genau soll morgen die Aktion beginnen?“
„Um die Mittagszeit“, antwortete Keiler Leo, „wir müssen noch Material besorgen und einige Details klären.“
„Schade, daß wir nicht mitkönnen“, meinten die Rehe, „aber es ist für uns und auch für die beiden Menschenjungen hier viel zu gefährlich.“
„Du hast recht“, meinte Keiler Leo, „wir stünden nur im Wege.“
„Aber wohin mit den befreiten Tieren?“, fragte Fuchs Fritz.
Leo überlegte. „Gina, gibt es einen Wald in der Nähe?“
„Ja“, bestätigte sie, „einen halben Kilometer entfernt. Über die Äcker.“
„Oh je“, seufzte Leo, „ob sie das schaffen?“
„Sie dort alle zu verstecken, wird unmöglich sein“, erwiderte Rambo, „aber die Tierschützer, und vielleicht andere, da bin ich mir sicher, werden helfen.“
So nahm der Befreiungsplan langsam Gestalt an, und als die Morgenröte den Horizont beleuchtete, flogen schon einige Vögel Richtung Eifel. Es galt, die Nager zu organisieren und anzuweisen. Andere schleppten Metallteile heran, die sie bei einem Schrotthändler oder in der freien Natur fanden: Drahtbügel, Fahrradketten, kleine Eisenstangen, Stahlschnüre, Blechteile und so weiter. Alle

diese Dinge wurden nach Wittfeld geschafft und am Waldesrand in der Nähe einer Hochspannungsleitung versteckt.
Am frühen Morgen stieg Rambo in den Bus. In seinem großen Rucksack hatte er Fuchs Fritz und einiges an Werkzeug versteckt. Um den Hals hing sein Fernglas. Er stieg am Dorfrand aus, und als er sich allein wähnte, ließ er Fuchs Fritz aus dem Sack, der nun gemächlich neben ihm hertrottete. Sie schritten durch das Industriegebiet, bis sie in Sichtweite des Schlachthofes kamen, und ließen sich auf einer Bank nieder. Es schien kein Mensch unterwegs. Sie sahen den hohen, elektrisch gesicherten Zaun vor sich, der die Anlage umgab. Hinter dem Schlachthof, bis zum entfernten Wald hin, erstreckten sich Äcker und Wiesen, über denen sich eine lange Kette von Hochspannungsleitungen dahinzog. Rambo schaute auf die Uhr, es war noch Zeit.
Vor dem Haupttor sahen sie die Tierschützer sitzen und Plakate halten. Nun sah Rambo, wie einige Vogelschwärme über sie hinwegflogen, darunter Gina und Tina. Auch die Tierschützer schauten nach oben, dachten sich aber nichts dabei. Als sie aber sahen, daß die Vögel sich im Schlachthof niederließen und durch offene Fenster und Türen in die Gebäude eindrangen, schüttelten sie verwundert die Köpfe. Dann liefen Mäuse und Ratten an ihnen vorüber, ohne sie eines Blickes zu würdigen. Vorsichtig krochen die Nager unter dem Zaun und dem Haupttor durch und flitzen ebenfalls auf die Gebäude zu.

„Was geht denn hier ab?“, fragte verwundert ein Tierschützer den anderen und kratzte sich am Kopf.
„Keine Ahnung, vielleicht gibt es dort besonderes Futter für sie, Schlachtabfälle oder so“, antwortete der andere.
Derweil brummte ein Tiertransporter heran. Die Türschützer sprangen auf und redeten wild gestikulierend auf den Fahrer ein. Doch dieser muckste sich nicht, starrte geradeaus und fuhr eilig weiter, als das Haupttor sich öffnete. Aus den Sehschlitzen des Aufladers lugten ängstlich Dutzende von Augenpaaren. Aber noch mehr Augenpaare sahen zu, wie die Schlachttiere verladen und in die Ställe getrieben wurden. Überall in den Gebäuden hatten sich die tierischen Spione verteilt. Manch einem Arbeiter fiel auf, daß sich wohl ein paar Vögel verirrt haben mußten. Auch ein paar Mäuschen huschten hier und da vorüber, so daß einer zum anderen sagte: „So geht das nicht, es müssen mehr Mäusefallen her.“
Gina und ihre Eulenfreundin hatten sich auf den Weg gemacht zu einem flachen Gebäude, in dem sie tags zuvor den Technikraum gefunden hatten. Durch ein offenes Fenster flogen sie auf den langen Flur und versteckten sich hinter einem Regal. Links und rechts gab es Büros. Von dort hörten sie Stimmen und Gelächter. Ab und zu öffnete sich eine Tür und jemand ging an ihnen vorbei. Die Vögel warteten, bis der Moment günstig war, und huschten zum Ende des Flurs. Dort lag der gesuchte Raum, die Tür stand offen. Sie lugten hinein, er war menschenleer. Sie sahen mehrere Schaltanlagen und Sicherungskästen. An den Wänden blinkten Lichter an

großen Schalttafeln mit Hebeln und Knöpfen. Dort, in der hinteren Ecke, entdeckten sie endlich die Notstromaggregate. Der Rotschopf hatte ihnen genau erklärt, wie diese Geräte aussehen und was sie tun mußten, um sie außer Gefecht zu setzen. Sie gingen sofort ans Werk. Nach einer Viertelstunde waren alle defekt, unter ihnen bildeten sich große Lachen Benzins oder Diesels. Plötzlich näherten sich Schritte, im Türrahmen tauchte eine große Gestalt auf. „Verdammt", flüsterte Gina ihrer Freundin zu, „schnell, hinter den Kasten dort!"
Und schon hatte die Gestalt die Sabotage entdeckt, fluchte laut, machte kehrt und lief ins nächste Büro. Mit anderen im Schlepptau war der Mann bald wieder zurück. Die beiden Vögel huschten schnell hinaus und flogen über die Köpfe der Leute dem geöffneten Fenster am Ende des Ganges zu. Eine Frau schrie auf, als Flügel sie kurz streiften, und ging in Deckung. Doch niemand konnte sich die Sabotage erklären, auch nicht der Techniker, der den Raum für eine halbe Stunde verlassen hatte, um sich in der Kantine zu bedienen. Das zu reparieren, meinte er, und die Ersatzteile zu beschaffen, wird zwei oder drei Tage dauern.
So standen sie noch eine Weile vor den zerstörten Geräten und spekulierten, wer das wohl gewesen sei. Das einzig Auffällige waren die beiden Vögel, die sich aber sicher nur verirrt hatten. Sonst war niemand hier, beteuerte er. Die anderen bestätigten dies, auch sie hatten niemanden fremdes herumschleichen gesehen.

Gina und Tina flogen nun in die anderen Gebäude und schauten sich um. Alle Tiere waren auf ihren Positionen. In den Schlachträumen selbst hatten sich die nervenstärkeren Greifvögel und Ratten versteckt. Der Schlachtbetrieb war in vollem Gange. Ein Tier nach dem anderen wurde niedergestreckt. Es wurde rund um die Uhr, in vier Schichten gearbeitet, auch an Wochenenden und Feiertagen. Die meisten Arbeiter waren Ausländer, die für wenig Lohn dafür sorgten, daß die Kühltruhen in den Geschäften immer bis zum Anschlag gefüllt waren.
Da im Schlachthof alles bereit war, machten sich unsere Buntspechtin und die Eule auf den Weg zur Bank, wo Rambo mit Fuchs Fritz saß. Sie berichteten, daß die Notstromaggregate außer Gefecht gesetzt seien.
„Sind alle verteilt auf ihren Plätzen? Auch die Vögel mit dem Metallzeugs?“ fragte Rambo.
Gina nickte.
„Dann wird es Zeit, daß ich mit den Tierschützern ein Wort rede“, sagte er und erhob sich, „kommt ihr mit?“
Die Tierschützer, die am Haupttor saßen, staunten nicht schlecht, als ein heruntergekommener Obdachloser, begleitet von einem Fuchs und umflattert von einem Specht und einer Eule, auf sie zuschritt. Sie sprangen auf und schauten ihn fragend an.
„Wir brauchen eure Hilfe!“, sagte Rambo.
Eine junge Frau mit langen Haaren, die sie hübsch zu einem Zopf geflochten hatte, war ganz entzückt von dem niedlichen Fuchs und den beiden hübschen Vögeln, die sich neben Rambo niederließen.

„Sind die zahm?“, fragte sie, „darf ich den Fuchs streicheln?“
„Klar darfst du mich streicheln“, antwortete Fritz und lächelte.
„Der spricht ja!“, rief sie den anderen zu.
„Wir sprechen alle“, meinte Gina, „so schwer ist euer Kauderwelsch ja nicht.“
Die junge Frau schwieg und starrte die Tiere mit ungläubigen Augen an. In wenigen Sätzen erklärte Rambo den Sachverhalt. Mit dem Blitz fing er an. Dann rekapitulierte er den Müllanschlag auf Moselstadt und wie sie die Jäger schikanierten. Den Tierschützern ging nun ein Licht auf, denn auch sie wurden damals verdächtigt und verhört.
„Und nun sind wir hier“, sagte Fuchs Fritz, „hunderte von uns haben im Schlachthof Stellung bezogen. Gleich steht die Sonne im Zenit, dann schlagen wir zu. Wir beschädigen die Strommasten, dann ruinieren wir den Schlachthof und retten die gepeinigten Tiere.“
„Wir haben Mäuse und Ratten vorüberhuschen sehen und Vögel, die ins Gebäude flogen“, sagte ein junger Bursche, „nun wissen wir, warum!“
„Ja, das ist unsere Armee“, sagte Gina stolz.
„Und was sollen wir tun?“ fragte er aufgeregt.
„Sobald wir die Kurzschlüsse ausgelöst haben, ist der Betrieb ohne Strom. Und das Haupttor, welches nur elektrisch funktioniert, wird geschlossen sein. Ihr müßt es öffnen.“

Er griff in seinen Rucksack und überreichte ihnen mehrere Werkzeuge.
„Her damit", rief die junge Frau aufgeregt, „du kannst dich auf uns verlassen!"
„Und nun hängt euch an eure dämlichen Smartphones und ruft alle Tierfreunde herbei, die ihr kennt." Rambo schaute auf seine Uhr. „Es geht bald los. Fotografiert und filmt, was das Zeug hält und veröffentlicht alles in euren komischen Medien, wie immer die heißen. Rund um die Welt!"
Und als würde der Zufall mitspielen wollen, fuhr noch ein weiterer Transporter heran. Der Fahrer schaute überrascht auf die illustre Gruppe und steuerte auf das Haupttor zu. Dieses wird sich gleich öffnen, dachte Rambo. Schnell gab er Gina und Tina einen Wink. Sie begriffen und machten sich davon. Nun öffnete sich das Haupttor weit, der Transporter trat aufs Gas.
Gina trällerte das Signal, so laut sie konnte. Plötzlich erhoben sich von überall her Schwärme von Greif- und Raubvögeln in die Lüfte. In ihren Schnäbeln baumelten metallene Schnüre, Fahrradketten, Metallstangen und andere Teile aus Metall. Als die Vögel hoch genug waren, ließen alle wie auf ein Kommando die Teile fallen, direkt auf die Stromleitungen unter ihnen. Einige Sekunden passierte nichts, dann gab es ein lautes Zischen, es knallte und flackerte. Grelle Lichtblitze züngelten knisternd die Leitungen entlang hin und her. Einige kurze Momente noch und es war still. Dann hörten sie Schüsse!

„Verdammt, wer schießt da“, rief Rambo und schaute durch sein Fernglas in die Richtung, wo er den Schützen vermutete. Doch konnte er niemanden sehen. Dann schwenkte er sein Glas zu den Stromleitungen, da schoß es nochmals und er sah, wie Isolierteile an den Masten durch die Kugeln zersplitterten.
„Hier will jemand auf Nummer sicher gehen“, murmelte er und suchte den Waldrand ab. Da, aus einer Weißdornhecke, sah er einen Gewehrlauf hervorlugen und eine vermummte Gestalt sich regen. Nein, es waren zwei!
„Donnerwetter“, sagte er lächelnd zu Fuchs Fritz, „das können nur unser Experte für Notstromgeräte und sein Kumpel Tim sein! Sie müssen den Zug genommen haben.“
Im Schlachthof wurde es geschäftig. Das Tor stand weit offen, der LKW im Innenhof.
„Es geht los, folgt mir“, rief Rambo den Tierschützern zu, die ängstlich um sich blickten.
Sie liefen zur Bank zurück und ließen sich dort nieder. Die Tierschützer machten sich sofort ans tippen.
Auf dem Innenhof liefen Menschen rufend und Befehle erteilend hin und her. Gina und Tina flogen hinüber, in das Hauptgebäude hinein. Sie sahen sich um.
Die unzähligen Förderanlagen und Hängebahnen, an denen frisch geschlachtete Leiber in endlosen Reihen hingen, standen mit einem Ruck still. Die Schlachtung selbst, die im vollen Gange war, mußte sofort abgebrochen werden. Überall standen ratlose Metzger mit bluti-

gen Schürzen herum, darauf wartend, daß die Maschinen wieder anliefen.
In den Schlachträumen sahen sie die just getöteten Tiere liegen. Die lebenden, die nachrücken sollten, zitterten am ganzen Leibe, die Augen vor Schreck geweitet.
„Habt keine Angst", rief Gina ihnen zu, von einem Raum in den anderen pendelnd. Die Retter machten ihnen die Wege frei. Erst langsam, dann mutig geworden, liefen sie den Ausgängen zu. Die herumstehenden Arbeiter stoben verschreckt auseinander, sie drängten sich an die Wände oder flüchteten in andere Räume.
Dann flog Gina weiter in die Ställe. In allen machten Vögel sich an Hebeln und Riegeln zu schaffen, um die Gittertüren der Verhaue und zahlreichen Käfige zu öffnen.
„Raus mit euch!", rief Gina kampfeslustig, „lauft um euer Leben!"
Eine Tür nach der anderen sprang auf. Durch Ginas Kampfansage aufgehetzt und Hoffnung schöpfend, stolperten hier Rinder und Schweine, dort Pferde, Lämmer und Kälber aus den engen Verliesen. In der Geflügelschlachterei nebenan sahen sie Trudi am Werke, die sich vorsichtig mit reingeschlichen hatte. Mit anderen war sie dabei, die Hühner, Puten, Gänse und Enten zu befreien, die wirr durcheinandergackernd und -schnatternd über die Köpfe der Arbeiter hinwegflatterten. In einem eher versteckten Teil des Gebäudes fanden sie die Käfige der Haustiere. Schnell waren auch diese geöffnet.

Gleichzeitig war eine ganze Legion von Nagern damit beschäftigt, Kabel, Geräte und Computer zu zerstören.
Nun brach die Panik aus. Angestellte liefen kreuz und quer, brüllten und schrien, doch gab es kein Pardon mehr. Gnadenlos wurden die im Weg stehenden umgerannt. Pferde bäumten sich wild auf, bissen um sich oder schlugen aus. Einige der Metzger griffen zu Messer oder Beil, um sich zu wehren, hier und da streckten sie ein Tier nieder, was die Wut der Meuterer noch mehr entfachte. Wütende Rinder drehten sich nach den Schlächtern um und trampelten sie nieder.
Dann riefen von überall Stimmen: „Schließt die Türen! Alle Türen zu!"
Darauf hatten die Turmfalken und Bussarde gewartet. Wie die Geier stürzten sie auf die Arbeiter los, die sich an den Türen zu schaffen machten und hackten auf sie ein, zerfetzten Hände und Gesichter. Laut schreiend und blutüberströmt, manche halbblind, taumelten sie jammernd umher. Kollegen liefen auf sie zu und schleppten sie aus der Gefahrenlinie. Das Geschrei der Arbeiter mischte sich mit dem Gebrüll der wütenden Schlachttiere.
Aus den Büros und den Nachbargebäuden eilten Angestellte herbei, um den Verletzten zu helfen. Doch auf dem Fuße machten sie wieder kehrt. In den Gebäuden dröhnte und polterte es gewaltig, die ersten Kühe und Schweine stolperten brüllend und quiekend auf den Innenhof, gefolgt von einer großen Anzahl Hunde, Katzen

und anderen Lieblingen, beißfreudig und aggressiv wie nie zuvor.

Dann erschienen zaghaft und angsterfüllt die kleinen Lämmer und Kälber, am ganzen Leibe zitternd, dicht aneinandergedrängt. Unsicher äugten sie umher, verzweifelt nach ihren Müttern rufend. Als Tina, unsere Eule, diese armen Tierkinder sah, kullerten ihr Tränen die Wangen hinab. Sofort nahm sie sich der Kleinen an und führte sie am Rande des Tumultes vorbei dem Haupttore zu, damit sie aus der Gefahrenzone flüchten konnten.

Bald war der Innenhof überfüllt mit lärmenden Schlachttieren. Inmitten stand der LKW, vollgeladen mit aufgeregten Schweinen. Der Fahrer hatte sich längst in Sicherheit gebracht. Einige mutige Tierschützer waren anfangs jedoch hingeeilt, hatten die Verladerampe geöffnet und die Schweine befreit. Dann liefen sie schnell wieder zurück, bevor der Innenhof sich füllte. Hinter den Gardinen der Büros beobachteten Angestellte verängstigt den Tumult auf dem Hofe. Sie alarmierten die Polizei, die nun mit heulenden Sirenen herangeschossen kam, etliche Krankenwagen und die Feuerwehr im Schlepptau.

Doch konnten sie unmöglich in den Innenhof fahren, auf dem sich alles sammelte und eine große Herde sich auf das offene Haupttor zubewegte. Und dann all die Vögel, die hier herumflatterten.

So wurden die Fahrzeuge hundert Meter vom Tor entfernt geparkt, damit sie den flüchtenden Tieren nicht in

die Quere kamen. Bald standen die Helfer in kleinen Gruppen vor ihren Autos und berieten sich. Der Oberkommissar telefonierte laut mit dem chinesischen Geschäftsführer des Betriebs. Wie sollten sie die Verletzten bergen, die sich immer noch inmitten des Getümmels befanden? Er hatte die Lage völlig unterschätzt. Der Chinese verlangte, daß die Bundeswehr auf der Stelle anrücke und alle Jäger zu seiner sofortigen Verfügung stehen. „Die Viecher müssen abgeknallt werden! Und den Zaun soll die Feuerwehr niederreißen, sich Zugang verschaffen und die Verletzten bergen."
Doch kaum waren Teile des Hochsicherheitszaunes niedergerissen, da strömten Flüchtlinge dem neu geschaffenen Ausgang zu und machten menschliche Rettungsaktionen unmöglich.
Rambo beobachtete die tragischen Szenen mit seinem Fernglas. Die Tierschützer fotografierten und tippten sich die Finger wund. Immer mehr Menschen aus dem Dorfe, erst Spaziergänger, dann Anwohner, gesellten sich zu ihnen. Die Polizei ging daran, das Gelände weitläufig mit rotweißen Bändern abzusperren und den Zufahrtsweg zu sichern, damit er nicht von Gaffern blockiert wurde.
Begleitet von der Eule tappsten als erstes mit unsicheren Schritten die Kälber und Lämmer durch das Haupttor. Die Tierkinder warfen den entfernt herumstehenden Uniformierten ängstliche Blicke zu. Als sie aber nach vorne schauten und das freie Feld vor sich sahen, fingen sie an, tapfer loszulaufen. Ihnen folgten auf dem Fuße

die Schweine. Doch sie torkelten mehr, als sie liefen, denn sie kamen aus engen Verschlägen. Ihre Muskeln waren verkümmert, das angefressene Übergewicht lähmte sie, jeder Schritt schmerzte.
„Sollen wir schon auf sie schießen?“, fragte ein junger Polizist den Oberkommissar. „Nein“, antwortete dieser, „das machen die Bundeswehr und die Jäger, die sind schon im Anmarsch.“ Er zeigte auf die olivfarbenen Transporter und die protzigen Jeeps.
Doch bald schon bereute er seine Worte, denn ein großer schwarzer Hengst vollzog eine Kehrtwendung und lief wutschnaubend auf die beiden Männer zu. Schnell sprangen sie in die Autos, aber kaum hatte der junge Polizist die Tür zugeschlagen, als es hart rumste. Das Pferd war voller Wucht gegen die Seitentür geprallt. Dann drehte es sich um und schlug mit seinen Hufen so hart dagegen, daß die Fensterscheibe mit Krach zersplitterte. Der junge Polizist duckte sich geistesgegenwärtig und kam unverletzt davon.
Der Oberkommissar, der daneben parkte, zog sofort seine Waffe, ließ das Seitenfenster herunter und schoß dem zornigen Tier eine Kugel in die Schulter. Der Hengst bäumte sich auf, wieherte herzzerreißend, schien aber nicht lebensgefährlich verletzt. Er drehte um und galoppierte, wenn auch etwas schleppend, auf das freie Feld zu, das sich langsam mit Schlachttieren füllte. Durch die Menschenmenge hinter der Absperrung ging ein Ausruf des Entsetzens. Bundeswehr und Jäger waren nun zur Stelle. Letztere ballerten los, kaum, daß sie aus-

gestiegen waren. Sie jubilierten, als getroffene Kühe, Schweine und Pferde stöhnend am Haupttor zusammenbrachen. In den Zuschauerreihen machte sich lautstarke Empörung breit, einige schrien und brüllten und drohten mit den Fäusten.
Der Hauptfeldwebel, der den Soldaten vorstand, schaute auf die gärende Volksmenge, dann zu den Tieren hin, wie sie verzweifelt um ihr Leben rannten. Seine Kameraden hatten Position bezogen und warteten auf den Schießbefehl. Sie schauten ihren Vorgesetzten unschlüssig an. Der nickte kurz mit dem Kopf, mit der einen Hand, wie ein verabredetes Zeichen, eine merkwürdige Wischbewegung vollführend. Seine Augen funkelten, die Mundwinkel waren spöttisch herabgezogen. Die Soldaten verstanden und gaben sich die größte Mühe, gezielt danebenzuschießen.
Ein Jäger, der in der Nähe eines Soldaten stand und sich mit ihm messen wollte, blickte ihn von der Seite an: „Heute wohl kein Zielwasser getrunken, hä?“
„Daran liegt es nicht“, gab der Soldat zurück, „es sind die Gewehre. Man muß zwei Meter danebenzielen, dann trifft man vielleicht!“
„Hoho, so krumm sind die Läufe?“, höhnte der Jäger, „na, ist ja auch bekannt bei euch, das mit den Waffen.“
Die Lage spitzte sich zu, als die Jäger in einen Blutrausch gerieten und ballerten, als gäbe es für jedes geschossene Tier eine Prämie. Abwechselnd schwenkten sie die Gewehre zum Haupttor oder zum Felde hin, überall knickten Tiere ein und hauchten ihr Leben aus.

Die Vögel mußten handeln. Sie flatterten von allen Seiten herbei und bildeten zusammen mit den Fledermäusen eine dunkle Wolkenfront, die erst unruhig hin- und herschwappte, dann mit jähem Ruck hinabstieß.
Die Soldaten hatten das Unheil kommen sehen, ihr Danebenschießen eingestellt und sich in die Fahrzeuge gerettet. Doch unsere Jäger hatten nichts dazugelernt. Die Vögel hackten auf sie ein und zogen mit ihren Krallen blutige Spuren ins Fleisch, während die Fledermäuse sich an verschiedenen Stellen festbissen und sie zur Ader ließen. Die armen Waidmänner schrien Zeter und Mordio und wehrten sich mit Händen und Füßen. Nach getaner Arbeit erhoben sich Vögel und Fledermäuse wieder in die Lüfte und steuerten auf die Flüchtlinge im freien Feld zu, ihnen Geleit gebend.
Entlang der Absperrungen sammelte sich immer mehr Volk und jeden Moment strömten Leute dazu. Sie lachten und krakeelten, als sie die Jäger bestraft sahen. Schnell wurden die verletzten und jammernden Waidmänner auf die Krankentransporter verteilt, die mit schallenden Sirenen davonrasten und bald mit Verstärkung wieder zurückkamen.
Mittlerweile hatten sich etliche Reporter filmend dazugesellt und gingen sofort auf Liveschaltung. Hubschrauber kreisten über dem Schlachthof. Die Bevölkerung ergriff großes Mitleid. Fotos von furchtsam umheräugenden und an allen Gliedern schlotternden Lämmern und Kälbern gingen um die Welt, von dem verletzten Hengst, erschossenen Kühen, Schweinen und Pferden,

den Vögeln und Fledermäusen, wie sie die Jäger attackierten. Das Internet stand bald kopf. Die Polizei rief nach Verstärkung, der Bundesgrenzschutz rückte an. Einige Passanten rissen die Absperrung nieder und wollten sich ins Geschehen stürzen, wurden aber gewaltsam zurückgedrängt. Es entstanden kleine Tumulte und Handgemenge. Dann beobachtete der Oberkommissar, daß Gruppen von Leuten weiträumig um den Schlachthof herumliefen, von der Seite auf den Acker zu, um den Flüchtlingen beizustehen, aber auch, um jede Szene mit den Smartphones festzuhalten.

Am Haupttor lagen nun die von den Jägern erlegten Tiere und blockierten den Eingang. Doch über die Leichen hinweg stolperten weiterhin Tiere auf das freie Feld zu, der Innenhof schien sich langsam zu lichten.

Längst stand auch der chinesische Geschäftsführer in aufgeregtem Gespräch mit dem Oberkommissar am Tor. Es hatte keinen Zweck, er mußte die Tiere aufgeben. „Was ist mit den Arbeitern?“, fragte er. Der Oberkommissar antwortete: „Einige sind so schwer verletzt, daß ich für nichts mehr garantieren kann. Langsam aber leert sich der Schlachthof und es dauert nicht mehr lange, dann können Sie hinein.“

Der eben eingetroffene Bundesgrenzschutz fing an, die Menschenmassen zurückzudrängen und das Terrain neu abzuriegeln. Mit Megaphonen wurde die Bevölkerung aufgefordert, Ruhe zu bewahren. Man versprach, sich um alles zu kümmern.

Der Schlachthof hatte sich nun restlos geleert, Notärzte drangen ein und versorgten die Schwerverletzten. Überall lagen getötete Tiere, auch der Acker glich dank den Jägern einem Schlachtfeld. Die Überlebenden kamen, beschützt von den Flugtieren, sicher im Walde an. Neben den Wildtieren warteten auch Tim und der Rotschopf, die atemlos die schaurigen Szenen verfolgt hatten. Auch Rambo, Fuchs Fritz, Tierschützer und Helfer aus der Bevölkerung hatten sich auf den Weg gemacht. Sie fotografierten die Geretteten und schickten Videos herum, in denen sie die Bevölkerung aufforderten, den Asylsuchenden zu helfen, ihnen Futter zu spenden oder für eine Unterkunft zu sorgen. Den sie schützenden Wald erklärten sie zur Tabuzone und drohten mit Gewalt, wenn jemand den Tieren zu nahe kommen sollte.
Im Fernsehen wurden die dramatischsten Szenen über Stunden hinweg wiederholt, um die Bevölkerung bei Laune und die Einschaltquoten in der Höhe zu halten.
Es ging mittlerweile auf den Abend zu. Die Verhältnisse vor Ort hatten sich einigermaßen entspannt. Die Bundeswehr und der Grenzschutz waren abgerückt, aber es wimmelte noch von Polizisten, die den Schaden im Schlachthof untersuchten und die Angestellten verhörten. Feuerwehrleute halfen den Mitarbeitern dabei, die Kadaver zu entsorgen. Die Tierschützer im Wald versprachen, Wache zu halten, bis es klar war, wie es weiterging. Ein Plan mußte her, die Flüchtlinge sollten in fremden Ställen untergebracht und versorgt werden,

denn in freier Wildbahn würden manche der gemästeten und kranken Schlachttiere kaum überleben.
Die junge Frau mit dem hübschen Zopf, die sich mit Namen Natascha vorstellte, bot Rambo und den beiden Jungs an, sie mit dem Auto nach Moselstadt mitzunehmen, wo sie wohnte. Auf der Fahrt erzählte sie stolz, sie sei die Schwester des Hauptfeldwebels und wisse, seine Soldaten hätten mit Absicht danebengeschossen. Und zum Glück habe es niemand bemerkt.
In Moselstadt war die Stimmung wechselhaft. Die meisten reagierten beschämt und mitleidig auf die Ereignisse im Schlachthof, andere wütend, die Veganer frohlockten.
Als Tim zuhause eintraf, stürzte ihm seine Mutter entgegen, schluchzend, die Augen voller Tränen. Sie umarmte ihn so stürmisch, daß er aufstöhnte. Sie wußte nicht, ob sie ihn ausschimpfen oder sich einfach nur freuen sollte, daß er wieder daheim war. Sein Vater jedoch strahlte ihn an, denn er dachte, an Tims Stelle – er hätte keinen Deut anders gehandelt!
Am nächsten Tag berichtete ein Reporter im Fernsehen, daß die Tierschützer angefangen hätten, die geretteten Tiere auf einzelne Höfe und Ställe zu verteilen. Dort, wo tierliebende Menschen genug Platz hätten und wo sie liebevoll umsorgt würden.
Doch in den Medien fing es bald an zu brodeln. Neben Appellen und Hilfsaktionen machten sich häßliche Stimmen breit, die allerorts und besonders im Internet verkündeten, daß es eine Unverschämtheit sei, wegen

vernunftloser Tiere so einen Aufstand zu machen. Denn schließlich seien Nutztiere dazu da, verspeist zu werden. Und was für ein Schaden sei entstanden! Die Stromleitungen waren von den Attentätern, radikalen Tierschützern, beschädigt und zerstört! Sie wieder zu reparieren, kostete Tausende. Auch sei nicht nur der Schlachthof, sondern auch das Industriegebiet und das angrenzende Dorf nun ohne Strom. Menschen seien schwerverletzt nur um Haaresbreite dem Tode entronnen. Die Querulanten sollten sich mal mit den Angehörigen unterhalten! Was zähle denn mehr, ein Tier- oder ein Menschenleben? Und dann die Meldung, manche Tiere hätten mit den Tierschützern gesprochen – war das nicht die Spitze der Lächerlichkeit und eine Ausgeburt der kranken Hirne von Tierfreunden und Veganern? Die beweisenden Videos und Fotos, die im Internet kursierten, seien reine fakes[9]. Man solle diese wohlstandsfeindlichen Puritaner alle in die Psychiatrie einweisen!

Das war Wasser auf die Mühle der Fleischproduzenten und Gastronomen. Auch dickbäuchige Kirchenvertreter meldeten sich zu Worte, die ihren Fleischgenuß biblisch begründet sahen. An vorderster Front aber waren es die Politiker, die sich für die fleischverarbeitende Industrie und Betreiber der Mastbetriebe ins Zeug warfen und sich schützend vor sie stellten. Die Massentierhaltung abzuschaffen – das war ein Ding der Unmöglichkeit! Es ging um Arbeitsplätze, um Kapital, um Profit. Und das Volk, es muß doch ernährt werden!

---

[9] fake = Falschmeldung, Lügennachricht

Die Tierschutzorganisationen und Vereine merkten schnell, wie der Wind sich wieder zu drehen begann. Und manch einer dachte an den Spruch eines alten Griechen, welcher lautete: „Die Menschen sind unstet und wetterwendisch."
Die allgemeine Bevölkerung, erst von Mitleid geschüttelt, lenkte nach nur zwei Tagen wieder ein. Bei dem anfänglichen Schnattern auf dem Tränenmeer wurde vergessen, daß die Konsequenz, den Tieren dauerhaft zu helfen, darin bestand, auf Fleisch und Wurst komplett zu verzichten.
Als dann gewisse Berichte in den Moselstädter Zeitungen erschienen und dann auch in den überregionalen Medien, wendete sich das Blatt endgültig wieder gegen die Schlachttiere und ihre Beschützer. Die Ministerpräsidentin hielt damals eine Rede, die Tim aufgezeichnet hatte. Mit wichtiger und todernster Miene, besorgten Blicks, hob sie zu reden an, nicht ahnend, daß es ihre letzte Ansprache war.

> „Liebe Moselstädter und Moselstädterinnen! Jeder von uns hat die tragischen Ereignisse verfolgt, die vor zwei Tagen unsere Stadt und das Dorf Wittfeld erschütterten. Darum werde ich heute nur einige Details ergänzen, die noch unbekannt sind, und meine Rede mit einem Appell beschließen. Eine Zeugenbefragung hat ergeben, daß sich die mutmaßlichen Täter eines trojanischen Pferdes be-

dienten, um in den Gebäudekomplex zu gelangen. Sie hatten sich in einem Tiertransporter zwischen den Schweinen versteckt und mischten sich später, als Angestellte verkleidet, unter die Mitarbeiter des Schlachthofes. Die Spurensicherung, die den Transporter untersuchte, fand auf dem Boden einen verlorengegangenen Personalausweis. Die betreffende Person ist der Polizei bekannt. Sie wurde tags darauf sofort in Gewahrsam genommen und wird sich verantworten müssen. Auch den mutmaßlichen Komplizen ist die Polizei auf der Spur und versichert, diese in den nächsten Tagen aufzugreifen.
Die Tiere wurden, so stellte ein Veterinär fest, von den Tätern mit einem speziellen Gas besprüht, um sie zu erregen und aufzustacheln. Als die Ställe geöffnet wurden, rannten die Tiere voller Panik den Ausgängen zu und trampelten alles nieder, was ihnen in die Quere kam. Über dreißig Firmenmitarbeiter wurden schwerverletzt in die Krankenhäuser eingeliefert. In den Familien der Betroffenen ist großes Leid entstanden. Hiermit möchte ich den Angehörigen mein tiefstes Mitgefühl aussprechen. Der psychologische Dienst ist eingeschaltet und kümmert sich um die Betroffenen.

Liebe Moselstädter und Moselstädterinnen – hiermit verurteile ich diese Aktion aufs schärfste! Es gibt keinen Grund, diesen Schlachthof, der zu den vorbildlichsten in ganz Deutschland gehört und vielen Mitbürgern einen sicheren Arbeitsplatz bietet, auf diese hochkriminelle Weise zu beschädigen. In einem persönlichen Gespräch versicherte mir der Geschäftsführer, Herr Shiungzukill, daß der Schlachthof die höchsten tierrechtlichen Standards erfüllt. Man legt dort größten Wert darauf, den angelieferten Masttieren die letzten Minuten ihres Lebens so angenehm wie möglich zu gestalten. Die Schlachtung selbst ist absolut schmerzfrei. Letztes Jahr wurde der Schlachthof prämiert und als tierleidfreier Betrieb ausgezeichnet. Letzten Monat erst hatte ich, gemeinsam mit Vertretern der Nahrungsmittelindustrie, dem Beirat des Landesschlachthofverbandes sowie dem Präsidenten der Bauerngilde, dem Schlachthof einen Besuch abgestattet. Herr Shiungzukill persönlich führte uns durch die Räume und zeigte uns, wie vorbildlich er auch seine Angestellten hielt. Sie erhalten Mindestlohn und hohe Schichtzulagen.
Somit appelliere ich an Sie alle – achten Sie nicht auf die Stimmen radikaler und krimineller Gruppen, die aus Eigeninteressen die

Gesundheit und die Arbeitsplätze unbescholtener Steuerzahler gefährden! Betriebe wie dieser Schlachthof tragen dazu bei, unsere Wirtschaftslage zu stabilisieren, und gewähren den Menschen in der Region einen sicheren und gut bezahlten Arbeitsplatz. Ich bin überzeugt, ich kann auf Sie zählen! Vielen Dank!"

Tim erzählte mir später, er sei sich anfangs nicht sicher gewesen, ob die Ministerpräsidentin tatsächlich so blauäugig und verträumt war, alles, was der gewitzte Chinese ihr aufs Auge drückte, zu glauben oder ob sie in der gleichen Liga spielte.
So oder so, ihre Rede lieferte weiten Teilen der Bevölkerung das weiche Ruhekissen eines guten Gewissens, die nichts an den Dingen zu ändern wünschten.
Den Tierschützern vor Ort jedoch, die nun aus ganz Deutschland, aber auch aus den Anrainerstaaten, teils sogar aus der ganzen Welt Verstärkung erhielten, platzte endgültig der Kragen. Sie staunten, wie hemmungslos gelogen wurde. Natürlich vermißte niemand seinen Personalausweis und niemand hatte sich in den Schlachthof hineingeschmuggelt. Wer war die mysteriöse Person, die sie festgenommen hatten? Und was sollte das mit dem speziellen Gas? So etwas gab es doch gar nicht!
Es wurde von staatlicher Seite geblufft, auch sollte suggeriert werden, auf die Polizei sei Verlaß, wenn es darum ging, Verbrecher schnellstmöglich dingfest zu ma-

chen. Und tatsächlich, auf einigen Polizeistationen wurden Wetten abgeschlossen, wer von den Polizisten als erster einen Delinquenten fing, ob schuldig oder nicht.
Unsere Tierfreunde vernetzten sich. Bald gab es kaum eine Stadt oder größeren Ort mehr, wo kein Treffen stattfand. Sie waren sich schnell einig: wenn Politiker, Wirtschaftsleute und sogar die Polizei so unverschämt logen und die Bevölkerung gegen sie aufhetzte, so brauchten auch sie keine Regeln mehr beachten. Freie Fahrt für alle!
Aber auch bei den meist ausländischen Angestellten, die ihr hartes Brot im Schlachthof verdienten, machte sich Unruhe breit. Es war die Ansprache der Ministerpräsidentin, die sie geärgert hatte. Von wegen Mindestlohn und Schichtzulagen! Die Wahrheit sah anders aus: Dumpinglöhne, unbezahlte Überstunden, Androhung der Kündigung bei Krankheit, befristete Arbeitsverträge, miserable Unterkünfte. Und was faselte diese Frau über Tierfreundlichkeit und schmerzloses Schlachten? Wenn die wüßte!
Natürlich gab es Verletzte unter ihnen. Doch konnte man das den Tieren vorwerfen? War es nicht eine blutige Dreckarbeit, die sie machten? Spaß hatten sie bestimmt nicht dabei. Aber sie brauchten Arbeit und Obdach.
Was sollten sie nun tun? Der Chinese saß am längeren Hebel und tat vertraulich mit der Ministerpräsidentin und allen „hohen Tieren“ in der Fleischindustrie. Und nun gab es Kurzarbeit, bis der Betrieb wiederhergestellt

war. Das würde ein oder zwei Monate dauern, denn der angerichtete Schaden war groß.
So beratschlagten sie untereinander und beschlossen, mit den Tierschützern Kontakt aufzunehmen. Denn wer weiß besser als wir, daß sie unschuldig sind, dachten sie bei sich. Und die Sache mit den Vögeln, das war unheimlich. Und ja, sie hatten welche sprechen hören, einen Specht zum Beispiel, der den Schlachttieren etwas zurief. Das war keine Einbildung!

13. Kapitel
Digideus

Es war der Tag nach dem Ansturm auf den Schlachthof. Natascha, unsere junge Tierschützerin, die Rambo und die beiden Jungs mit nach Moselstadt genommen hatte, kletterte mühsam den steilen Hang hoch, der zur Höhle führte. Ihr voraus eilte Benjamin, ihr Freund. Sie hatte ihn gebeten, mitzukommen. Er war der radikalste unter den Tierschützern, der jegliche Tierquälerei persönlich nahm. In Wittfeld hatte er mit ihr die Mahnwache gehalten und nach der Freilassung der Masttiere dafür gesorgt, daß diese unterkamen. Er organisierte die Tierschützer. Weltweit, wie er betonte.

Keuchend hatten sie die letzten Meter geschafft und erblickten Tim, der am Höhleneingang saß und auf sie wartete. Benjamins Gesicht rötete sich vor Aufregung, als sie Tim folgten und gebeugt durch den schmalen Gang zuerst in den großen Raumabschnitt kamen, von dem mehrere Gänge ins Berginnere führten. Interessiert schaute er sich um. Hier wimmelte es von Fledermäusen. Hasen huschten vorüber, sie neugierig beäugend, aber ohne Angst. In einer geräumigen Ecke ruhten einige Wildschweine. Bens Herz ging auf, er strahlte, ihm wurde heiß. Als sie nach mehreren Abzweigungen Rambos gemütliche Höhle erreichten, stand er mit offenem Munde am Eingang. Dort hinten, unter einer kleinen Fensteröffnung stand ein wuchtiger Keiler mit starken Hauern, daneben lagen zwei Rehe auf einem Lager mit Blättern, dicht aneinandergedrängt. An der Wand linker-

hand stand ein breites Regal, vollgestopft mit Büchern. Darauf saßen Gina und ihre Eulenfreundin. In der Mitte, um eine erkaltete Feuerstelle, lagerten im Kreise Rambo, der Rotschopf, Hund Felix, die Ente Trudi und Fuchs Fritz. Und überall rundherum die Fledermäuse, sie hingen an den Decken, schwirrten umher oder bevölkerten den Boden. Natascha und Benjamin setzen sich in die Runde, zwischen Rambo und den Rotschopf, nachdem sie freundlich begrüßt worden waren. Bald saßen einige Fledermäuse auf Bens Schoß, sie fanden ihn anscheinend sympathisch und er lohnte es ihnen, indem er sie hinter den Öhrchen kraulte.
„Das war ein voller Erfolg!“ begann Keiler Leo die Diskussion und grunzte zufrieden.
„Den Halunken haben wir es gezeigt!“, rief Trudi dazwischen und flatterte aufgeregt mit den Flügeln, „wir werden noch in die Banalen der Geschichte eingehen!“
„Annalen heißt das, Annalen“, rief eine Fledermaus dazwischen, „wir werden in die Annalen der Geschichte eingehen. Wir werden ein Buch darüber schreiben!“
„Der Aufstand der Tiere!“, rief ein anderes Flattertier dazwischen und flog freudig ein paar Schleifen.
„Das glaube ich kaum“, erwiderte Rambo kühl, „ich war gestern in der Stadt und habe eine Zeitung erwischt. Sie haben alles verdreht und zurechtgebogen. Die Tierschützer ernten die Lorbeeren. Ihnen allein werden die Aufstände zugeschrieben. Von euch ist nur am Rande die Rede!“
Es wurde still, die Tiere sahen sich verdutzt an.

„Aber einige von den Halunken hörten doch unsere Worte und sahen unsere Taten“, unterbrach Trudi das Schweigen, „sie müssen es weitererzählt haben!“ Sie blickte die beiden Tierschützer, die ihr gegenübersaßen, erwartungsvoll an.
„Das ist wahr“, antwortete die junge Frau, „wir Tierschützer haben es überall herumerzählt, sogar gefilmt haben wir euch und es im Internet verbreitet. Aber niemand glaubt es, der es nicht selbst erlebt hat. Sie sagen, es wären Manipulationen.“
„Und wenn alle Tiere, überall auf der Welt, mit den Menschen reden würden“, meinte Keiler Leo, „was wäre dann?“
Wieder entstand ein Schweigen. Tim räusperte sich nach einer Weile und sagte: „Aber die Tiere tun es nicht. Sie scheinen instinktiv gehemmt zu sein. Denn es würde sie den Menschen ebenbürtig machen. Die Tiere würden es dann nicht mehr dulden, nur Besitztümer oder Waren zu sein. Sie würden auf ihre Freiheit bestehen. Kein Stall mehr, kein Zaun, keine Leine, kein Sattel, kein Käfig, kein Aquarium!“
„Und kein Zoo mehr, kein Zirkus, kein Tierheim!“, rief Benjamin euphorisch und wollte grade aufspringen, besann sich jedoch der Fledermäuse auf seinem Schoß, die irritiert zu ihm hochschauten.
„Ein Krieg würde entbrennen – Mensch gegen Tier“, bemerkte der Rotschopf.
„Diesen Krieg würden wir gewinnen“, rief Trudi, „wir sind in der Übermacht!“

„Und wenn schon“, versetzte der Rotschopf, „ein Maschinengewehr genügt und hunderte von euch sind in wenigen Sekunden auf dem Weg in den Himmel.“

„Ihr mit eurem Himmel“, murrte Trudi und verzog den Schnabel, „sowas gibt es doch gar nicht. Hirngespinste sind das!“

„Dann eben mausetot“, antwortete der Rotschopf.

„Die Tiere wissen, sie ziehen den kürzeren“, bestätigte Tim, „oder seht ihr das anders?“ Er schaute fragend in die Runde.

„Das ist wahr“, stimmte Keiler Leo zu, „ich würde niemals jemanden ansprechen. Dafür fürchte ich die Flinten zu sehr.“

„Uns geht es nicht anders“, sagte Tristan, und Elfi neben ihm nickte bestätigend, „wir sind von Natur sanfte Geschöpfe und wehrlos.“

„Ich habe gehört“, warf Fuchs Fritz ein, „sie schießen sogar den starken Löwen oder den stolzen Tiger. Niemand ist vor ihnen sicher.“

„Aber die Fledermäuse und wir Vögel“, widersprach Trudi, „wir würden ihnen zeigen, wo der Hammer hängt!“

„Da täuschst du dich, kleine Ente“, sagte Rambo und verzog spöttisch die Mundwinkel, „die Menschen sind erfinderisch und geschickt, wenn es ums Töten und Morden geht. Sie haben keine Skrupel, sich gegenseitig umzubringen. Dazu haben sie ausgeklügelte Waffen entwickelt, die auf moderne Weise Hunderttausende ihresgleichen auf einmal töten. Auch mit euch werden sie kurzen Prozeß machen. Eure Nester werden sie ausräuchern, euch vergasen, vergiften, zerbomben, zerhacken und zerstückeln!“

Trudi zuckte zusammen. „Sowas würden die tun?“, fragte sie ängstlich, „die wären so gemein?“

„Das ist so gewiß wie das Amen in der Kirche“, antwortete Rambo, „schau doch, was sie jetzt schon mit euch Tieren machen. Ohne Pardon rotten sie euch aus, wie sie alles ausrotten, was ihnen nicht in den Kram paßt.“

„Dann waren unsere Anschläge umsonst?“, fragte Trudi traurig.

„Anschläge, für die sie uns Tierschützer verantwortlich machen“, bemerkte Natascha. „Aber das waren im Grunde nur kleine Piekse für sie. Und was die Moselstädter betrifft, die haben sich ein dickes Fell zugelegt. Denkt an die Finanzkrise vor zehn Jahren, wo viele bankrott gingen. Dann die Pandemien, die alle zwei, drei Jahre über Land gejagt wurden mit Zwangsmaßnahmen im Paket. Die Stromausfälle, die furchtbare Trockenheit und die Trinkwasserkrise damals. Die Leute haben die Erfahrung gemacht, egal was passiert, es geht schon weiter, und trotz dieser Miseren war der Wohlstand doch immer noch relativ gesichert.“

„Aber nicht mehr auf unsere Kosten!“, grunzte Keiler Leo voller Zorn.

„Was habt ihr nun vor?“, fragte Rambo die beiden Tierschützer, „wie geht es weiter?“

„Wir ärgern die Moselstädter und nehmen ihnen die Smartphones weg“, schnatterte Trudi dazwischen, „das wird ein Spaß!“

„Nun im Ernst“, beharrte Rambo, „habt ihr einen Plan?“

„Wir wollen die Schlachthöfe und Mastbetriebe sabotieren“, antwortete Benjamin, „die Mitarbeiter dort sind aufgestachelt durch die Ansprache der Ministerpräsidentin, sie haben die Nase voll von den miserablen Arbeitsbedingungen und den Lügen und wollen uns unterstützen.“

„Nur wegen der miserablen Arbeitsbedingungen? Und wie steht's mit der Tierliebe?“, quakte Trudi wieder dazwischen.

„Sie brauchen Geld, sie sind arm“, lenkte Benjamin ein, „die meisten kommen aus dem Osten und sind froh, hier überhaupt arbeiten zu dürfen.“

„Geld? Wozu brauchen die Geld?“, fragte Trudi.

„Um die Mieten zu bezahlen und die Nahrungsmittel“, ergänzte Rambo, der selbst kein Geld hatte, dazu mietfrei in seiner Höhle wohnte und die Lebensmittel aus weggeworfenem Überfluß sammelte oder von den Feldern und aus den Gärten stahl.

Das hatte Trudi natürlich gleich raus. „Quatsch! Du brauchst auch kein Geld und wir Tiere ebenfalls nicht! Die Natur gibt uns alles, was wir brauchen, sofern die Halunken uns was übriglassen“, erklärte sie ärgerlich.

Rambo und Benjamin wurden verlegen. Wie sollten sie einer Ente das komplizierte System der Geldwirtschaft erklären, welches mit den Verhältnissen in der Natur

nichts zu tun hatte. Benjamin zuckte mit den Schultern und nahm den verlorenen Faden wieder auf.
„Was die Arbeiter betrifft, ihr Tiere habt ihnen Mut gemacht. Mit uns zusammen werden sie Streiks wagen und Sabotagen."
„Aber sie werden euch kriegen und einsperren, was dann?", fragte Tim.
„Wir werden Hunderttausende sein, die Gefängnisse werden aus allen Nähten platzen", lächelte Benjamin.
„Aber soweit wird es nicht kommen", meinte Natascha, „denn bei uns haben sich einige Computerspezialisten gemeldet, Mädels und Jungs, sie schlugen vor, in die digitalen Systeme einzudringen und Programme zu boykottieren oder die Steuerung zu übernehmen."
„Ihr meint Hacker?", fragte Rambo ungläubig.
„Hacker", nickte Natascha, „im Moment arbeiten sie auf Hochtouren und üben sich darin, die Computerterminals der großen Schlachtbetriebe zu kapern."
„Als nächstes kommen die Behörden dran, die Politiker und dann die Medien, diese Verbrecher", erklärte Benjamin weiter.
„Aber die haben ihre Spezialisten", wandte Tim ein, „gegen die kommt ihr nicht an."
„Wir werden sehen", sagte Benjamin und blickte verheißungsvoll in die Runde.
Dann hörten sie es tapsen, die Graureiher waren von ihrer Reise zurück, und erschienen am Eingang.
„Da sind ja unsere Zugvögel", rief Keiler Leo, „was habt ihr zu berichten?"

„Wir sind die Route abgeflogen“, erwiderte der Reiher, „es sieht schlecht aus. Außerdem seid ihr nicht die einzigen, die fliehen wollen. Andere haben es längst versucht, sind aber gescheitert.“

Unsere beiden Tierschützer horchten interessiert auf. Ihnen war klar, daß eine Flucht durch die von Menschen besetzten Länder so gut wie unmöglich war. Denn seit Jahren hatten sich Städte und Industriegebiete wie ein riesiger Ausschlag, das meiste Grün verschlingend und Trockenheit verbreitend, über ganz Deutschland ausgedehnt. Auch in Moselstadt, welches vor zehn Jahren noch als eine der waldreichsten Städte galt, schrumpfte der umgebende Grüngürtel, um Stahl, Beton, Ackerflächen und Windräderparks zu weichen.

„Aber vielleicht braucht ihr nicht zu fliehen“, meinte Natascha, „wir Tierschützer werden die Menschen zwingen, euch in Ruhe zu lassen und euch euer Land zurückzugeben!“

„Die Menschen zwingen?“, antwortete der Graureiher, „das gibt Krieg.“

„Nein, Krieg wollen wir nicht“, sagte Rambo, „oder vielleicht doch – einen Glaubenskrieg. Die alten Götter oder den einen Gott, wer weiß es, haben sie vom Thron geschubst. Nun sitzt dort ein neuer, der Gott der Technik und Digitalisierung, der große Digideus. Wie psychisch Kranke, die sich an Tabletten klammern, dabei Licht, Luft, Bewegung und die Natur peinlichst vermeiden, so klammert sich die dumme Menschheit an ihren Digideus. Den müssen wir stürzen!“

„Dann ist es Zeit für einen Kreuzzug“, rief Trudi kampfeslustig, „wir werden dieses heidnische Schandmal niederreißen und die alten Götter wieder installieren. Zum Beispiel Anas, den großen Entengott!“
„Nun laß die Kirche im Dorf“, schimpfte Gina, „was sollen die vielen Götter? Einer reicht vollkommen aus.“
Und als wolle eine geheime Kraft diese Worte bestätigen, fuhr ein warmer Windstoß durch die Höhle, wirbelte Sand vom Boden auf, verwehte die Asche von Rambos Feuerstelle und verschwand wieder mit einem tiefen Dröhnen in den Verzweigungen der Gänge, die in den Bauch des Felsens führten.
„Siehst du“, sagte Gina hustend zu Trudi, „das war er gerade.“
Trudi schaute ungläubig, wußte aber nichts zu erwidern.
Da sie das wichtigste besprochen hatten und es nun galt, zur Tat zu schreiten, verabschiedeten sich die Tierschützer, krochen zum Höhlenausgang und kletterten vorsichtig den steilen Abhang hinunter.
Direkt nach ihnen machte sich auch Gina auf den Weg. Aufmerksam hatte sie die Versammlung verfolgt, kein Wort war ihr entgangen. Trudis Vorschlag, den Moselstädtern das Smartphone zu stibitzen, blieb unbeachtet. Doch Gina schnappte ihn auf und dachte, daß dies ein schöner Gedanke sei.
Sie flog erst hoch in den Himmel, drehte ein paar Runden über den Baumkronen und entdeckte bald einen Spaziergänger, der am Waldesrand entlangschritt.

Er hielt ein flaches Gerät in der Hand, den Kopf tief darübergebeugt, als sei er kurzsichtig, und ging mechanisch, wie ein ferngesteuerter Roboter, den von buntblühenden Büschen und wohlduftenden Kräutern umsäumten Weg entlang. Der Himmel war tiefblau, die Luft mit Vogelgezwitscher und Summen erfüllt. Links und rechts standen Minze und Kunigundenkraut in voller Blüte, umschwirrt von allerlei Fluginsekten und farbenfrohen Schmetterlingen. Kratzdisteln hoben ihre lilaroten, Johanniskräuter ihre gelben Häupter empor. Am Saum des Wegrandes wuchs der Wegerich, seine Fruchtstände wie kleine Lanzen aufgestellt. Dazwischen blaues Vergißmeinnicht und hübsche Maßliebchen. Kleine Käfer, gepunktet, gestreift, blau, rot oder schwarz, liefen, flogen oder kletterten geschäftig hin und her. Hier war ein kleines Stück Natur noch in Ordnung, doch dies alles sah der Mensch nicht.
Gina wurde wütend! Sie kreiste tief über dem Kopf des Spaziergängers und streifte ihn mehrmals mit ihren Flügeln. Doch keine Reaktion. Wie nötig hätte dieser Mensch einen Aufwecker, einen Climenolen, gebraucht! Hatte ihr nicht Rambo von diesen Dienern berichtet, die mit einem Kieselstein, der an einem Stock befestigt war, die Smartphonebesitzer anstupsten, damit sie aus ihrer Trance erwachten?
Gina drehte nun eine größere Runde und stieß dann mit Schwung auf den Ahnungslosen hinunter, ergriff das Smartphone und flatterte in den Wald zurück. Der Spaziergänger blickte erstaunt auf seine Hand, dann um

sich, dann nach oben. Verdutzt setzte er sich hin, begann erst zu fluchen, dann hilflos zu jammern.
Auf einem Felsen sitzend, schaute sich Gina das Erbeutete genauer an. Das Display blinkte, gelegentlich hörte sie einen Pieps. Sie tippte mit dem Schnabel auf dem Bildschirm herum oder wischte mit einer Flügelspitze darauf hin und her, wie sie das bei den Menschen gesehen hatte. Das Gerät spielte nun verrückt, auf einmal hörte sie Stimmen, dann machte es boing und ping und klack und brumm. Dann wurde es ihr zu bunt und sie hackte auf das Ding ein, bis es keinen Ton mehr von sich gab und in mehrere Teile zerfiel. Wie soll ich das jetzt entsorgen, fragte Gina sich. Denn sie wußte von Tim, daß diese Dinger giftiges Zeugs enthielten. Liegenlassen konnte sie die Teile also nicht. Es gab eine Sondermülldeponie in der Stadt, dort mußte sie hin. Also versuchte Gina, mit Schnabel und Krallen die Einzelstücke zu greifen, doch immer wieder fiel etwas herunter. Puh, dachte sie, da habe ich mir was eingebrockt. Jetzt muß ich wohl mehrmals zur Deponie hin- und zurückfliegen.
Das machte Gina auch, umweltbewußt, wie sie war. Nach getaner Arbeit meinte unsere Spechtin, sie hätte nun einen guten Schluck verdient und steuerte auf ihr Lieblingsausflugslokal zu. Das Wetter war herrlich, viele Leute saßen draußen. Gina ergatterte schnell ein paar kostbare Tröpfchen aus nicht abgeräumten Gläsern, die noch Reste enthielten. Dann setzte sie sich auf den breiten Ast einer schönen Linde und ließ ihren Blick über

den Platz schweifen. Auch hier hatten die Menschen diese flachen Dinger in der Hand oder neben sich auf den Tischen liegen und klotzten dauernd darauf. Dazwischen tranken sie und redeten, aber selten miteinander, sondern immer mit den Dingern, manchmal lachten sie auch.

Gina fühlte sich wohl und genoß die Sonne, die auf ihren Bauch schien. Sie räkelte sich behaglich, ihr wurden die Lider schwer, sie mußte gähnen. Vielleicht sollte ich ein wenig von dem schwarzen Gebräu nehmen, das macht munter, dachte sie und flog zu einem leeren Tisch, wo eine Kaffeetasse stand, halb ausgetrunken. Sie tauchte ihren Schnabel in den dunklen Sud, schluckte und flatterte zurück auf ihren Ast. Die Wirkung trat schnell ein. Gina fühlte sich auf einmal wie unter Strom und spürte einen großen Bewegungsdrang. Schwupps, stieß sie herunter und schnappte sich das nächstbeste Smartphone von einem Tisch. Die Leute sprangen panisch auf, griffen nach ihr in die Luft, aber Gina war schon weg. Hundert Meter weiter landete sie am Moselufer und hörte von ferne die Aufregung der Leute. Doch anstatt das Ding wie zuvor in viele Teile zu zerhacken, tauchte sie es diesmal mehrmals kurz ins Wasser und flog damit zur Entsorgung. Wieder plumpste ein Smartphone vom Himmel in den Innenhof. Später noch eins und noch eins. Einem Mitarbeiter waren die herumliegenden, kaputten Smartphones aufgefallen, doch konnte er sich keinen Reim darauf machen.

Am nächsten Tag begannen auf Ginas Geheiß auch andere Vögel, Raben, Elstern, Bussarde, Smartphones zu mopsen, was kaum Mühe machte. Die Bestohlenen waren entsetzt und schrien nach der Polizei. Das war ein starker Eingriff in die Grundrechte. Mails, Kontakte, Daten, Bilder, Musik – das ganze Leben, alles weg!
Die Leute von der Sondermüllentsorgung staunten nicht schlecht, als bald hunderte von Smartphones verstreut auf dem Pflaster im Hof herumlagen und immer wieder sahen sie Vögel heranfliegen, die Nachschub brachten.
Ein paar Tage trieben die Vögel derart ihr Unwesen. Zeitungen berichteten davon und befragten einen Experten. Dieser, der saarländische Ornithologe, stellte fest, daß die Vögel wohl von elektromagnetischen Wellen oder Lichtsignalen angezogen würden, die von den Smartphones ausgingen. Ähnlich wie bei den diebischen Elstern, die gerne alles sammelten, was glitzerte. Und Elstern seien ja auch dabei gewesen. Solche Vorfälle seien keine Seltenheit, meinte er. Auch hätte sich die Vogelpopulation, das beträfe vorwiegend die Rabenvögel, in der letzten Zeit explosionsartig vermehrt. Er empfehle, für kurze Zeit die Population durch Abschuß auf ein Mindestmaß zu regulieren und bis dahin die Smartphones anzuketten. Auf die Frage, warum die Geräte auf der Sondermülldeponie landeten, antwortete der Experte, daß ein Vogel anfangs wohl zufällig seine Beute dort hat fallen lassen und die anderen, aufgrund eines verwickelten Nachahmungstriebes, dieses ebenso taten.

14. Kapitel
Das Internet wird erobert

Ich hatte schon geschrieben, daß sich die Bevölkerung in Moselstadt schnell wieder von dem Angriff auf ihren großen Fleischtopf in Wittfeld erholt hatte. Und durch die Ansprache ihrer Ministerpräsidentin ermutigt, wagten die meisten wieder, dem Metzger vor Ort einen Besuch abzustatten, wenn auch noch etwas unsicher nach rechts und links schauend, ob auch kein Tierfreund in der Nähe war. Auch sonst sollte alles wieder seinen gewohnten Gang nehmen. Doch gab es nur ein kurzes Aufatmen. Unsere beiden Tierschützer Natascha und Benjamin hatten ja bei der letzten Versammlung in Rambos Höhle Revolten angekündigt. Die Tierschützer hatten sich nicht nur mit den Angestellten des Wittfelder Schlachthofes solidarisiert. Auch Arbeiter aus anderen Städten, die unter ähnlichen Bedingungen litten, schlossen sich an. Journalisten, die von Natur aus an der Wortverdrehungskrankheit litten, übersetzten in zahlreichen Berichten das verständliche Deutsch in ein politisch korrektes, indem sie von Linksradikalen, von Rechten, Impfgegnern und Verschwörungstheoretikern berichteten und damit dem Volk suggerierten, daß jeder zu den Guten gehörte, der mit diesen Elementen auf Kriegsfuß stand.

Unsere Meuterer jedoch kratzte das alles nicht. Sollte diese intrigante Zunft schreiben, was sie wollte. Plötzlich jagte eine Meldung die andere. Wer es genau wissen wollte, kaufte die Volksrevue, das Magen- und Leibblatt der Moselstädter, die mit dicken Schlagzeilen protzte:

Streik im Fleischwerk "Wurstparadies"!
Mastbetrieb bei Hannover vollständig zerstört!
Meuterei im Schlachthof "Glücksfleisch" bei Dresden!
Sabotage im Schlachtpalast Berlin!
Tierschützer befreien tausend Mastschweine bei Ingolstadt!
Hühnerraub in den Geflügelfarmen der Lausitz!
Zerstochene Reifen bei Tiertransportern in Schleswig-Holstein!
Münchner Eisbeinfabrik teilweise gesprengt!
Brand in Kölner Pferdemetzgerei! Tiere gerettet, 56 Verletzte!

Auch Förster Eberstrauch, der im Forsthaus zu tun hatte, las gerade die Schlagzeilen der aktuellen Ausgabe. Genüßlich schlürfte er seinen Kaffee, während er hin- und herblätterte. Das Wetter war herrlich, durch das offene Fenster zog ein vom Wald gekühlter, angenehm würziger Lufthauch. In den Zweigen der Birken und Tannen, die das Forsthaus umgaben, fand derweil ein reges Leben statt. Meisen, Finken und Spatzen hüpften und flogen geschäftig umher. Was kümmerten sie die Angelegenheiten der Menschen? Was die ganzen Ränke, Lügen, Täuschungen, Machtinteressen, Ausbeutungen?

Unbelastet von diesen pontinischen Sümpfen der Zivilisation saß auch ein schöner Singvogel auf dem Dach des Forsthauses. Den Kopf im Nacken, die Brust vorgewölbt, trällerte er seit einer Stunde andächtig und inbrünstig seine Lieder. Eberstrauch hörte zwischendurch erstaunt hin. Der Vogel hatte mit einem kräftigen Stakkato begonnen, als bettle er um Aufmerksamkeit. Dann hielt er kurz inne und stimmte ein f-Moll an. Klagend und suggestiv, als beschreibe er ein Zerren an Fesseln, ging die Melodie in ein getragenes romantisches Motiv über, welches von einem dynamischen Allegro abgelöst wurde. Dann pfiff er mehrmals einen herzhaften Refrain, der nicht richtig zu passen schien, und wechselte ruckartig zum D-Dur. Es folgte ein blumiges Adagio, welches abrupt mit einem schrillen Crescendo endete. Nach kurzer Atempause fing er wieder von vorne an, vertauschte jedoch die Motive und Geschwindigkeiten oder würfelte sie wild durcheinander. Von irgendwoher gurrten Türkentauben mit tiefem Bariton dazwischen und ein Zaunkönig versuchte, die Melodie des Singvogels kontrapunktisch zu bereichern. Das Zwitschern und Piepen der Finken und Meisen wirkte wie ein munterer Kinderchor im Hintergrund.
Eberstrauch wußte nicht, sollte er sich an der Natur erfreuen oder weiter Zeitung lesen oder endlich die Forstbilanz aktualisieren? Die Schlagzeilen in der Zeitung stimmten ihn nachdenklich und lenkten ihn ab. Was erwarten die Politiker und das Volk, dachte er? Warum taten sie so entsetzt? Lag es nicht nahe, daß Angestellte

einer Schlachtfabrik, die unter desaströsen Bedingungen arbeiteten, irgendwann aufbegehrten? Und die Tierquälereien, war da nicht lange schon die Schmerzgrenze überschritten? Ein System, welches solche Früchte trug, mußte einen gewaltigen Schaden haben. Er sah auf seine Uhr, legte die Zeitung beiseite und schaltete den Computer ein. Letztes Jahr war der Verlust an Bäumen groß, dieses Jahr war es nicht besser. Nicht nur die Nadelbäume betraf es, nein auch Buchen, Eichen und Kastanien litten. Und die Eiben, sahen sie nicht wie gerupft aus? Die Wildkirsche wollte nicht mehr blühen und der Ahorn, mit dürren Ästen winkte er traurig in die Landschaft. Regen hatte es satt gegeben, aber die Waldböden waren schwer beschädigt. Sie konnten das viele Wasser nicht mehr speichern. Trotz allem hatte der Förster erreicht, daß einige Bereiche undurchforstet und der Natur überlassen blieben. Diese kleinen Areale erholten sich relativ schnell. Bald blühte es üppig dort und das Gesumme und Geschwirre zeigte, daß es von Insekten und Vögeln mittlerweile wieder nur so wimmelte.
Eberstrauch ging zum Aktenschrank und griff nach einem Ordner, er brauchte die Zahlen vom letzten Jahr. Als er sich wieder hinsetzte und auf den Computer schaute, hielt er verwundert inne. Dort erschien ein Video über Kahlschläge in Rußland und Sibirien. Er stellte laut und hörte einige Minuten zu. Das kenne ich ja alles, sagte er zu sich und wollte das Video mit einem Klick ausschalten, aber das Gerät reagierte nicht. Hat sich wohl aufgehangen. Er schaltete aus und wieder ein. Nun

zeigte der Bildschirm Aufnahmen von Waldrodungen auf Borneo und das Schicksal der dort lebenden Affen. Und wieder klickte er hier und klickte dort, schaltete aus und schaltete ein. Verflixt, dachte Eberstrauch, das Ding muß kaputt sein. Er schaltete sein Smartphone an, um die Technik anzurufen, aber auf dem Display erschienen ähnliche Bilder, diesmal von Brandrodungen in Kanada, um Kulturlandschaften zu schaffen. Er tippte, machte aus und wieder an, doch erneut das gleiche Resultat.
Dann griff er zum Hörer des Festnetztelefons, dieses schien in Ordnung. Er wählte eine Nummer, es meldete sich der Techniker. Dieser erklärte, es gehe nichts mehr, das Internet scheine fremdgesteuert. Man müsse abwarten.
Nun gut, dachte Eberstrauch, dann nutze ich die Zeit und schaue kurz bei Peter vorbei. Als er ins Freie trat, saß der Singvogel noch immer auf dem Dach und wurde nicht müde, seine Sinfonien zu trällern. Er schloß das Forsthaus ab und machte sich auf den Weg. Auf einmal krächzte es über ihm: „Tschüß Eberstrauch!“ Er sah sich um, doch da war niemand. Dann erfolgte ein rauhes Kichern, er blickte die große Tanne hinauf, die links das Forsthaus flankierte. Dort saß auf einem Ast ein frecher Eichelhäher, winkte ihm zu und flatterte davon.
Na sowas, Eberstrauch schüttelte den Kopf. Er wußte zwar von den Gerüchten und auch von Tim, daß die Tiere reden könnten, hatte auch einmal, als keiner hinsah, versucht, einen Sperling anzusprechen, der in einer Pfütze vor dem Forsthaus badete. Doch dieser sah ihn

nur keck an und planschte unbeirrt weiter. Aber es mußte was daran sein, davon war er überzeugt.
Wenn nun aber, angenommen, die Tiere mit den Menschen reden könnten, würde das nicht alles auf den Kopf stellen? Die vielen Hunde zum Beispiel, was ist, wenn sie aufbegehren? Kaum genügend Auslauf, der Lärm und Gestank der Menschen, das schlechte Futter, das störende Halsband, die Leine, die ständige Rumerzieherei? Dann dachte er an die beiden Pferde, oben auf dem Marienberg. Eine Bekannte von ihm hatte einen schwarzen Friesen und ein hübsches Kaltblut, beide gesund und im besten Alter, vor dem Schlachter gerettet. Die vorherigen Besitzer hatten die armen Tiere malträtiert, sie mit Peitsche und Sporen geritten und hart bestraft, wenn sie nicht folgten. Die Tiere hatten bald die Nase voll. Es hagelte Abwürfe, Bisse und schmerzhafte Huftritte. Bald galten sie als gefährlich und sollten zum Schlachter. Eberstrauchs Bekannte kaufte sie für einen Spottpreis. Ein Jahr dauerte es, bis die Pferde wieder Vertrauen faßten und es ihrer Besitzerin mit aller Liebenswürdigkeit dankten.
Ich würde ebenso tun, wenn ich ein Pferd wäre und mich jemand mißhandelt, ging es Eberstrauch durch den Kopf. Und wenn ich eine Hochleistungskuh wäre? Oder gar ein Mastschwein? Ihm wurde schwindelig. Eilig ging er die Waldstraße hinunter, wo sich rechts die Häuserreihe nach unten fortsetzte und links über eine Mauer hinweg der Blick frei war auf die große Dunstglocke über der tosenden Stadt.

Bei Lavens angekommen, fand er die Haustür offen und vernahm Stimmen aus dem Wohnzimmer. Dort saß der Professor und war mit Peter in eine Diskussion verwickelt. Sarah stand in der Küche und bereitete Essen vor. Eberstrauch betrat grüßend den Raum und erzählte rasch von seinem Computerproblem.

„Uns selbst ist nichts aufgefallen", erwiderte Peter, „du weißt ja, wir haben kein Smartphone und unser alter Computer hat kein Internet. Aber ich war vor einer Stunde in der Bücherei, mir was ausleihen, da passierte ähnliches. Die Frau hinter der Bedienungstheke wollte die Buchchiffren einscannen, da tat sie plötzlich einen Schrei und starrte fassungslos auf den Bildschirm. Dann tippte sie wie wild auf der Tastatur herum, und als sich nichts tat, drehte sie den Bildschirm zu mir hin und schaute mich aus großen Augen an. Dort waren Bilder aufgetaucht von kleinen nackten Mädchen aus dem Ausland und Fotos von Prominenten, von denen wir einige kannten. Sie schaltete das Gerät aus und wieder an, doch nichts änderte sich. Auch bei ihren Kollegen nebenan das gleiche. So mußte ich meine Bücher dalassen und machte mich auf zum Drogeriemarkt. Dort spielten die Kassen verrückt, die Kunden wurden aufgefordert, ihre Waren zurückzulassen und später wiederzukommen. In der Filiale einen halben Kilometer weiter erneut das gleiche. In der Fußgängerzone standen Gruppen von Leuten, sie tippten wie verrückt auf ihren Smartphones herum und palaverten miteinander."

„Was geht da vor?“, fragte Eberstrauch, der nun langsam nervös wurde.
„Das sieht so aus, als ob Hacker am Werk sind“, rief Sarah aus der Küche. Dann kam sie an die Tür, sich die Hände an einem Tuch abwischend. „Deine Frau war eben hier, sie hatte die Mädchen vom Schwimmbad abgeholt. Die Kassiererin konnte keine Einlaßkarten abrechnen. Der Computer spann.“
„Aber geht das nicht zu weit?“, sagte Eberstrauch, „wie sollen die Leute arbeiten?“
„Gar nicht“, erwiderte der Professor lächelnd, „Zwangspause. Ihr wißt doch, Anfang der Zwanziger, als die Finanzkrise wie eine Seuche umging und die Wirtschaft lahmlegte, war es ähnlich. Viele wurden arbeitslos, die kleinen Betriebe gingen zugrunde und die großen wurden gerettet. Aber niemand ist wirklich verhungert.“
„Im Gegenteil“, erwiderte Eberstrauch, „es wurde danach noch mehr produziert und weggeschmissen als zuvor. Die Ausbeutung hat bis heute ihren Höhepunkt noch nicht erreicht, da ist noch Luft nach oben. Und mein armer Wald – ich gebe ihm noch wenige Jahre, dann ist er endgültig hin!“ Er seufzte und schaute mit trauriger Miene vom einen zum anderen.
„Und doch können wir Hoffnung schöpfen“, versuchte Peter ihn zu trösten und legte eine Hand auf seine Schulter, „jetzt rebellieren die Tiere. Und die lassen sich nicht mundtot machen.“
„Die da oben aber sagen, es sei ein Aufstand der Tierschützer“, versetzte Eberstrauch und kratzte sich verle-

gen am Kopf, „und daß die Tiere seit kurzem sprechen können, das würde ich gerne glauben, wenn ich könnte. Wohin soll das führen? Dann sind wir demnächst alle gleich! Auf Augenhöhe sozusagen."

„Wir gehören, strenggenommen, auch zu den Tieren, zu den Säugern", wandte Sarah ein, „und ja, wir sind ihnen gleich."

„Nein!", konterte Eberstrauch, „es gibt in der Natur eine Hierarchie und da stehen die Menschen, die im Gegensatz zu den Tieren einen Verstand besitzen, an oberster Stelle."

„Ja, ja, an oberster Stelle, als Ebenbilder Gottes", meinte der Professor, „und mit dem Auftrag versehen, fruchtbar zu sein, die Erde zu überfüllen und sie auszubeuten".

„Das hätte ja auch gutgehen können", erwiderte Eberstrauch mißmutig, „wenn nicht tief in den Menschen ein Wurm wühlte, der alle ihre Errungenschaften und Verdienste in die falsche Richtung lenkt."

„Ein Wurm?", fragte Sarah neugierig.

„Ja, ein Wurm", antwortete Eberstrauch und kaute verlegen an seinen Fingernägeln.

„Ich verstehe", nickte der Professor, „ein kleiner Wurm, der nicht zufrieden damit ist, nur ein göttliches Ebenbild zu sein statt der liebe Gott persönlich."

Die Haustüre wurde geöffnet und fiel mit lautem Geräusch ins Schloß. Tim trat erhitzt und keuchend ins Wohnzimmer. Grüßend warf er seinen Schulranzen in die Ecke. Sein Gesicht glühte und er schnaufte. „Es ist

so heiß draußen in der Stadt“, sagte er, „der Beton bollert und qualmt vor Hitze.“
„Servus Tim“, nickte der Professor ihm zu, „was gab’s in der Schule, du hast bestimmt Neuigkeiten für uns.“
„Oh ja“, antwortete Tim, griff nach der Wasserflasche, die auf dem Tisch stand, goß sich ein Glas voll und trank es mit großen Schlucken aus. Dann nahm er neben dem Professor Platz. „In der Schule haben die Computer gestreikt. Bilder erschienen und Videos, die haben die Klasse umgehauen. Szenen aus Mastbetrieben, kranke, mißhandelte Tiere, dann Schlachtungen, da wurde einem schlecht. Die Lehrer mußten den Unterricht abbrechen und schickten ihre Schüler heim. Nur Direktor Schultheiß bat uns, zu bleiben. Übrigens habe ich ihm erzählt, daß ich dabei war, also in der Nähe, als der Schlachthof gestürmt wurde. Und als ich ihm von den Tieren berichtete, war er Feuer und Flamme. Er zweifelte nicht, sondern hat mir geglaubt!“
„Fällt der Unterricht nun ganz aus?“, fragte Eberstrauch.
„Das haben sie erwogen, aber Direktor Schultheiß hat nein gesagt“, antwortete Tim, „der Unterricht geht weiter, ohne Tablets und Bildschirme, so wie früher. Er will es den Lehrern, die das nicht mehr können, morgen zeigen.“
„Recht hat er!“, nickte anerkennend der Professor, „ein patenter Mann, dieser Schultheiß.“
„Doch wie soll es nun weitergehen?“, grübelte Eberstrauch, „wenn sie die Netzwerke erobert haben?“

„Nicht nur die Netzwerke, bestimmt auch das Fernsehprogramm“, schmunzelte Peter.
Tim sprang sofort auf und schaltete den Fernseher an. Und tatsächlich, sofort erschien ein Video über die großflächige Zerstörung von Land durch Abbau von seltenen Metallen. Arbeiter wurden gezeigt, verdreckt, krank und ausgemergelt, die für einen Hungerlohn dafür sorgten, daß in der westlichen Welt der Spaziergänger, die Mutter hinter dem Kinderwagen, der Hundebesitzer, der Jogger oder der Nachbar Alltagsnichtigkeiten auf den unzähligen Smartphones hin- und herschicken konnte. Und statt des Bildes vom Enkel, der Katze, dem neuen Schrank, dem neuesten Rezept erschienen Bilder, die niemand sehen wollte. Natürlich war das alles schlimm, man kennt das doch schon, ist ja nichts neues …
Nach dem weltweiten Finanzkrach der zwanziger Jahre war es tatsächlich so, daß die Industrie sich wieder erholt hatte, auch wenn der Wohlstand auf immer wackligeren Beinen stand. Die hochentwickelten Staaten hielten sich tapfer, weil der Raubbau in den unterentwickelten Staaten für eine Weile noch verschärft werden konnte, bis absehbar wurde, daß auch hier keine Zulieferstoffe mehr zu gewinnen waren, weil der Lebensraum vor Ort nicht einmal für die Bedürfnisse des ärmsten Sklavenmenschen reichte und auch nicht wiederhergestellt werden konnte. Der westliche Mensch hatte das Dilemma zwar lange kommen sehen, aber nichts verändert. In alter Tradition hatte er, sich gemütlich in seiner Komfortzone einrichtend, auf neue Technologien gesetzt, die

den Schaden schon beheben würden. Das tat er seit 200 Jahren, aber nie ging die Rechnung auf. In der Region Moselstadt gab es ein Jahr vor Ausbruch der Krise mehr Funkmasten als Straßenlaternen, mehr allesregistrierende Drohnen als Insekten. Denn wie sollten die Felder bestellt werden und die Ernten gesichert, wenn vorher nicht die Bodenqualität, Dünger- und Pestizidverbrauch, das Wetter und die Wachstumsprognose, der mögliche Schädlingsbefall, die Sonnenbestrahlung, der Grundwasserstand und der Ernteaufwand von einem High-Tech-Computer ausgerechnet wurden?

15. Kapitel
Digitale Monarchie – Donald Duck erobert die Welt

Während Deutschland kopfstand und ähnliche Ereignisse langsam erst auf die Nachbarländer, dann weltweit übergriffen, trafen sich die Tiere fast jeden Tag in Rambos Höhle und sprachen über die Ereignisse, die wie große Schatten über die Länder hinweghuschten.

Bei der letzten Sitzung versuchte Leo, die Dinge zu ordnen und einen Überblick zu schaffen.

„Seit der Blitz eingeschlagen hat und wir sprechen können, haben wir folgendes getan: den Konsummüll und den ganzen Unrat, den die Menschen achtlos wegwerfen, aus unserer grünen Landschaft gesammelt und den Menschen in der Stadt zurückgegeben."

„Das erfordert schon der Anstand, daß man Sachen zurückgibt, die einem nicht gehören", schnatterte Trudi dazwischen und blickte Leo schelmisch an, der sie mit einem strafenden Seitenblick ermahnte, ihn nicht zu unterbrechen.

„Dann die Jäger, denen haben wir es gezeigt", fuhr er fort, „und heute trauen sich die Waidmänner nicht mehr in den Wald, weil sie Angriffe fürchten."

„Die Halunken haben nichts besseres verdient!", rief Trudi wieder, „nun können die Tiere endlich aus ihren Verstecken raus. Der Wald gehört wieder ihnen!"

„Wenn der Kuchen redet, hat der Krümel zu schweigen!", grunzte Leo ärgerlich, dann referierte er weiter: „Wir haben den Schlachthof zerstört und die

Masttiere befreit. Und nun? Die Menschen geben den Tierschützern die Schuld. Uns übersehen sie einfach!"
„Aber die Tierschützer haben eine Lawine losgetreten", sagte Tim, „ihr wißt, daß viele Lebensbereiche von uns durch Computer gesteuert werden?"
Leo runzelte die Stirn, und obwohl er nichts davon verstand, nickte er.
„Und diese Computer, oder Teile der Netzwerke, haben die Tierschützer nun in ihrer Hand. Die Maschinen stehen still, kaum jemand kann arbeiten, die Menschen fürchten, sie werden verhungern."
„Wieso gehen sie nicht hin und säen das Korn mit der Hand?", fragte Trudi kopfschüttelnd.
„Schau dir die riesigen Felder an, Trudi, das geht ohne Maschinen nicht", erwiderte Tim.
„Aber es gibt doch genug Menschen, viel zu viele von den Halunken!", ereiferte sich Trudi, „die sollen mal selbst arbeiten, anstatt die Maschinen das machen zu lassen!"
„Sie ernten und verkaufen es ins Ausland", mischte sich Rambo nun ein.
„Und was essen die dann selbst, wenn alles ins Ausland verkauft wird?", warf Trudi ein.
„Nun", erwiderte Rambo und mußte lächeln, „Obst und Gemüse werden ins Ausland verkauft und wir kaufen es wieder zurück. Äpfel aus Spanien, Erdbeeren aus Italien, Kartoffeln aus Ägypten und Getreide aus Tschechien."

Trudi machte große Augen. „Sind die denn verrückt?“, schimpfte sie dann, „was ist das für ein Aufwand, alles hin und her zu fahren?“
„Das nennt man Globalisierung“, erklärte Rambo, „aber wenn jedes Land seine eigenen Produkte verwendet, wird niemand mehr auf der Erde hungern.“
„Es hungern Menschen auf der Erde?“, fragte Trudi verwundert, „ich denke, die sind dick und fett vom Überfluß. Und was die alles wegschmeißen!“
„Hier in Deutschland mag das so sein“, antwortete Rambo, „aber in Afrika zum Beispiel, dort verhungern jeden Tag viele Kinder, damit wir hier dick und fett werden können.“
„Dort gibt es Rekordernten neben Rekordhunger“, warf Tim ein.
„Das muß sofort gestoppt werden!“, rief Trudi aufgeregt, „diese Barbaren können doch keine Kinder verhungern lassen!“
„Doch, sie können“, nickte Rambo und fügte hinzu, „denn ihr Mastvieh verschlingt Unmengen an Getreide. Und der Fleischtopf ist wertvoller als ein Kinderleben.“
Die Tiere schauten ungläubig und keiner sagte mehr etwas.
„Aber wie geht es nun weiter?“, fragte Keiler Leo, „was passiert als nächstes?“
„Diesmal, da bin ich sicher, wird eine große Wende kommen“, antwortete Rambo, „vergeßt den Blitz nicht. Da hat jemand Sand in das große Räderwerk der Menschen geworfen.“

„Das kann nur der große Entengott Anas gewesen sein!“, rief Trudi und wußte, sie reizte Gina damit, die nicht an ihren Entengott glauben wollte.
Gina, die neben ihrer Eulenfreundin wieder auf ihrem Stammplatz, Rambos Bücherregal, saß und die Reden schweigend verfolgt hatte, überging Trudis Bemerkung, machte eine gelangweilte Miene und fing an, ihr hübsches Gefieder zu putzen.
Rambo lächelte amüsiert und fuhr fort: „Im Menschen steckt ein Wurm, der ihm falsches rät. Er wird es nie und nimmer schaffen, seine hausgemachten Probleme selbst zu lösen. Das ist so sicher wie das Amen in der Kirche.“
„Das ist alles schön und gut“, meldete sich Leo wieder, „trotzdem, wie geht es nun weiter?“
„Das werden die Tierschützer bestimmen“, sagte Tim, „sie zwingen die Politiker in die Knie. Sie haben gefordert, die Massentierhaltung und die Jagd sofort einzustellen.“
„Und du meinst, das klappt?“, fragte Leo ungläubig.
„Sie werden nicht daran vorbeikommen“, antwortete Tim.

Und so, wie Tim sagte, geschah es auch. Die Schlachthäuser wurden geschlossen. Die großen Betriebe der Massentierhaltung wurden stillgelegt, die Ställe geräumt, die Tiere kamen in die Obhut der Tierschützer. Übrigens wurde auch die Qualzucht unter Strafe gestellt. Diese Form der Perversität, die egomanisch ver-

dorbener Tierliebe entsprungen war, nahm endlich ein Ende.
Bald hatte weltweit niemand mehr Zugriff auf die Computer- und Steuerungssysteme. Überall erschienen beim Einschalten der Bildschirme Fotos und Filme von Mißständen weltweit, die niemand wirklich sehen wollte, und sie ließen sich nicht abstellen.
Doch plötzlich, die Hacker staunten nicht schlecht, übernahm eine fremde Hand das Ruder. Erst hatten sie gefürchtet, es wäre die Gegenseite, die sie entdeckt hätte, doch war es ein Mitstreiter, der sich ihnen unter dem Pseudonym Donald Duck vorstellte und Anweisungen gab, wie sie weiter zu verfahren hätten.
Als Trudi das hörte, sprang sie vor Freude im Kreis. Denn wer sonst als ihr großer Entengott konnte hinter dieser Verkleidung stecken?
Die Auswirkungen dieser Übernahme waren unvorstellbar.
Der unheimliche Wurm der Gigantomanie, der Weltherrschern und Wirtschaftsbonzen, aber auch dem kleinen Politiker den gesunden Menschenverstand geraubt und den Bestand der menschlichen Sippe hochgradig gefährdet hatte, wurde schlagartig in die Schranken gewiesen. Endlich wurden Obergrenzen eingeführt.
Milliardenschwere Konzerne mußten sich gefallen lassen, daß dieser Anonymus, der sich Donald Duck nannte, nun die Aktienkurse bestimmte und darüber befand, was verkauft, exportiert oder importiert werden sollte. So kam es, daß viele unnütze Artikel und Waren von

heute auf morgen vom Markt verschwanden. Die Plastikproduktion wurde sofort eingestellt, damit die Weltmeere sich erholen konnten. Der Bau riesiger Kraftwerke, Stadien, Einkaufszentren oder Wolkentürme wurde gestoppt, ebenso die Rodung der übriggebliebenen Wälder. Niemand durfte mehr Satelliten in den schon von Schrott überfüllten Weltraum schießen. Monotone Ackerflächen, so groß wie Bundesländer, warteten darauf, wieder bewaldet zu werden, da Viehfutter für Milliarden von Schlachttieren nun überflüssig wurde. Das Zocken, Spekulieren und Wirtschaften der Banken, Unternehmen, Stiftungen und Wohlfahrtsverbände mit abstrakten Summen, die niemand sah und niemand erklären konnte, wurde sofort unterbunden. Den alles bestimmenden Pharmariesen wurde das Handwerk gelegt. Sie wurden gezwungen, die Produktion auf das nötigste zu beschränken. Krankenhäuser, Seniorenresidenzen und Kurhäuser wurden zu Sanatorien umgebaut und rundum begrünt. Die Kneipp-Kur und andere handfeste Naturheilverfahren lebten wieder auf.
Auch den Medien ging es an den Kragen. Von jetzt an gab es keine irreführende Berichterstattung mehr, keine sensationsheischende Polemik. Die Pharisäer und Tartüffs wurden von ihren Redaktionssesseln gejagt.
Der Einfluß der Wirtschaft auf die Politiker, die Hinterzimmerdiktatur, die Vormacht der Superreichen und das Gehirnwaschen über die Medien fanden ein Ende allein durch die Übernahme der digitalen Systeme.

Tim sagte mir einmal, diese Übernahme glich einer Monarchie, deren virtueller König mit Fingerspitzengefühl und Intelligenz die Dinge ungewöhnlich weise regelte. Jeder weiß, daß, wenn auch anfänglich alle an einem Strang ziehen, es unter Menschen doch bald wieder Streitereien gibt, weil der eine es so haben will, der andere aber so.
Was die Moselstädter betraf, sie wußten damals nicht, wie ihnen geschah. Sie fürchteten, sterben zu müssen, da vieles, was das Leben angenehm machte, nun verboten war. An der Fleischtheke gab es jetzt Gemüse und Obst. Süßigkeiten, Kosmetika, Kleidung und Haushaltswaren wurden auf ein Minimum beschränkt. Die chlorverseuchten Schwimmbäder in Moselstadt blieben geschlossen, bis eine gesündere Alternative geschaffen war. Fußball und Sport gab es nur noch privat und auf Bolzplätzen (Federballspielen, Plumpssack und Völkerball kamen damals übrigens wieder groß in Mode).
Kleine Handwerksbetriebe schossen wie Pilze aus dem Boden. Es gab wieder einen Schneider, einen Tischler oder Schuster oder kleine Tante-Emma-Läden. Und da die Leute Zeit und Ruhe hatten, weil ein allgemeines Handgeld eingeführt wurde, konnten sie in aller Gemütsruhe produzieren und einkaufen, auch hier und da mal ein Schwätzchen halten und Alltäglichkeiten austauschen.
Die Landwirtschaft wurde mittels einer Obergrenze ebenfalls von der Gigantomanie befreit. Ein Großbauernbetrieb ergab nun zwanzig Kleinbauernbetriebe, de-

ren Aufgabe es war, die Bevölkerung zu ernähren. Die Felder strotzten vor Gemüse und Obstbäumen, umrandet und durchzogen von zahlreichen Hecken und Sträuchern, in denen vielfältiges Leben pulsierte.

Es brauchte einige Jahre, in denen die Moselstädter sich arg gebeutelt fühlten, um dann doch zuzugeben, wie schön ihre kleine Welt geworden war. Die Stadt war nahezu autofrei, die Luft rein und angefüllt mit Gesumme und Gezwitscher von Kleinstlebewesen und Vögeln. Die Menschen fuhren Rad oder gingen zu Fuß, plaudernd und innehaltend, wenn ein Blütenkelch oder ein kleines Tier ihre Aufmerksamkeit fesselte.

Und was vorzeiten der Arzt und Politiker Rudolf Virchow, der Namensgeber von Tims Gymnasium, empfohlen hatte, wurde Wirklichkeit: Der Mensch arbeitete nur noch den halben Tag, um sich dann seiner Familie, der Bildung, seinem Hobby, seinen Talenten oder sonst einer erfüllenden Sache zu widmen. Es gab keinen Leistungsdruck, keine Dumpinglohnverhältnisse, kein Hetzen und Eilen mehr.

Natürlich hatten diese Maßnahmen Nebenwirkungen. Der Systemwechsel ging nicht ohne Schrammen ab. Der Staat zahlte jedem Bürger ein Handgeld aus. Wer untätig bleiben wollte, mit dem Betrag nicht auskam und arbeitsfähig war, wurde auf die Felder geschickt, die Ernte zu sichern und natürliches Saatgut auszustreuen für das kommende Jahr, oder verstärkte die Reinigungsdienste der Kommunen. Die Familien lernten wieder, miteinan-

der zu kommunizieren und sich selbst um den Nachwuchs oder die Betagten zu kümmern.
Die Tiere aber, so plötzlich sie die menschliche Sprache beherrschten, verlernten diese ebenso plötzlich und unerklärlich und kehrten in ihr altes Leben zurück. Eine verbale Verständigung mit ihren alten Peinigern war auch nicht mehr nötig. Sie wurden als fühlende Wesen respektiert und lebten unbelästigt neben den Menschen daher.

16. Kapitel
2093 – Ein Rückblick

Tim hatte sich seinen Traum erfüllt und wurde Professor der Biologie. Heute verbürgt er sein Renommee als Wissenschaftler dafür, daß die Tiere sich damals mit den Menschen verständigen konnten und daß Berichte darüber keineswegs Halluzinationen einiger waren, geboren aus dem Wunsch nach einer Veränderung der Dinge.

Im vierten Jahr erholte sich die Menschheit weltweit von dem Schock des Systemwechsels, die Stimme der Vernunft gewann die Oberhand. Es wurden viele Maßnahmen durchgesetzt, die das Leben der Bürger in neue Bahnen lenkten.

Die Schäden von hundertfünfzig Jahren industrieller Land- und Forstwirtschaft sind auch heute, 63 Jahre nach dem Blitzereignis, noch deutlich spürbar. Doch die Natur hat bewiesen, daß ihre Kraft, sich selbst zu reparieren, unermeßlich ist. Der Wald hat sich erholt, der Grundwasserspiegel ist gestiegen, die Böden sind wieder einigermaßen fruchtbar.

Auch gibt es heute weniger Menschen als damals. Die meisten hatten begriffen, daß die Menschheit nicht unendlich wachsen konnte. Eine vernünftige Geburtenkontrolle wurde eingeführt. Im Moment zählen wir sechzig Millionen in Deutschland, weltweit sind es sechs Milliarden. Für alle gibt es Lebensraum und gesunde Nahrung in ausreichendem Umfang.

Übrigens wurde Rambo damals Oberbürgermeister von Moselstadt. Viele Menschen, die wie er am Rande dieser gestörten Gesellschaft lebten, als ihr Ausschuß oder Abschaum – sei es der Bettler oder Obdachlose, der Verweigerer oder Gestrandete –, sie alle reagierten wie dürstende Pflanzen, die mit lebensspendendem Wasser begossen wurden. Viele von ihnen erhielten politische Ämter oder kamen bei den Behörden unter. Selbst an der Seele erkrankt und durch das tiefe Schattental gewandert, wurden sie Helfer, wie sich keine besseren Sozialarbeiter oder Seelsorger vorstellen ließen.

Die alten Parteien schrumpften so zusammen, daß sie sich zu einer gemeinsamen Wähllerliste zusammenschließen mußten, um vereint gerade noch einmal die 5%-Hürde zu schaffen. Im Rat fristeten sie ein bedeutungsloses Schattendasein und wurden durch die Überzahl freigewählter Einzelabgeordneter und den brillanten Oberbürgermeister überstimmt. Auch wenn es hier und da noch rumpelte oder überkochte, Rambos lebenserfahrene Art sorgte stets für Ordnung.

Tims Vater hatte sein Buch inzwischen in den Druck gegeben. Es enthielt Richtlinien und Vorschläge für eine globale Renaturierung, die wenig früher noch als Utopie gegolten hatten[10].

Afrika war der erste Kontinent, der daranging, die Vorschläge aus Peters Buch in die Tat umzusetzen. Die Wüsten wurden durch schattenspendende Bäume und Bewässerungsanlagen zurückgedrängt. Doch bevor die Ingenieure des Friedens, wie sie sich nannten, ihr Werk

---

10 Spielt an auf: Klauspeter Bungert: *Unternehmen Faust – eine politische Utopie an fünf Abenden*. Barnstorf 2019

vorantrieben, kündigte Afrika alle Freihandelsabkommen auf und untersagte fremden Nationen mit sofortiger Wirkung, Land und Menschen weiterhin auszurauben, auszubeuten und die afrikanische Bevölkerung als Versuchskaninchen für pharmazeutische Produkte zu mißbrauchen. Als die dunklen Nebelwolken, die Jahrhunderte über Afrika geschwebt hatten, hinweggewischt waren und einige andere Regionen es ihm nachtaten, atmete die Welt auf. Es war wie ein Wunder, daß bald kein Kind mehr hungerte, daß Bürgerkriege ein Ende fanden und die Weltbewohner staunten, welch fruchtbare und blühende Länder sich neu unter ihnen entfalteten. In Madrid trafen sich regelmäßig Präsidenten der verschiedenen Nationen und hielten Konferenzen ab. Hilfreich waren auch einige Millionäre und Milliardäre, die ihren vergoldeten Elfenbeinturm verließen und sich als Superreiche einmischten, indem sie umfangreiche Projekte zur Rettung der Erde förderten. Eine feine ältere Dame, die in der Nähe von Moselstadt wohnte und gutgläubig viel Kapital in zweifelhafte Stiftungen sowie die Wohlfahrt gesteckt hatte, stoppte die Zahlungen und finanzierte Einzelpersonen und kleine Gruppen vor Ort, die sich glaubhaft und effektiv für die Natur, den Abbau der Digitalisierung und die drastische Reduktion von Industrie und Verkehr einsetzten. Auch unterstützte sie Arbeitslose, Familien in Not oder half fremdländischen Menschen, hier Wurzeln zu schlagen oder, wenn sie die Sehnsucht nach der Heimat trieb, sie zurückzubringen. Bei der Gelegenheit mischte sie sich auch gerne in die

Angelegenheiten dieser Länder ein, um auch dort ihren Segen auszuteilen.
Diese Dame war übrigens sehr unglücklich gewesen. Ihr Geld hatte sie nicht vor persönlichen Verletzungen, vor Liebeskummer, Ablehnung und Mißgunst geschützt. Nun sah sie eine neue Aufgabe vor sich und ihr Herz ging auf, wenn sie beobachtete, mit welch positiver Macht sie Dinge zum besseren bewegen konnte.
Einige Jahre gingen ins Land, bis die Bevölkerung vollends begriff, daß die einschneidenden Maßnahmen Früchte trugen. Im Kollektiv entstand das Begehren, die neu geschaffene Weltordnung nie wieder zu gefährden und niemandem je wieder zu erlauben, sie zu zerstören. So wurde eine Art Kontrollinstanz gegründet, die aus Wirtschaftspolizisten, Bürger- und Schutzwehren, Umwelt- und Tierschützern und Detektiven bestand, deren Aufgabe es war, Saboteure und Kriminelle aufzuspüren und dingfest zu machen. Das gelang nicht immer, denn unter den zwielichten Gestalten und einstigen Machthabern gab es immer noch einige, die sich im Verborgenen zusammentaten und von unten aus am neuen System nagten wie Wühlmäuse an den Wurzeln. Für die überführten Unruhestifter gab es keine Gefängnisse, aber eine Menge einsamer Inseln im Pazifik, wo sie, ausgesetzt, sich selbst überlassen blieben. Sollten in Jahren einmal Kontrolleure diese Inseln besuchen, so finden sie entweder eingeschlagene Köpfe vor oder, wer weiß, vielleicht ein friedliches kleines neues Volk.

Tim ging gleich nach dem Abitur auf die Universität und wurde nach brillant abgeschlossenem Studium zu einem der jüngsten Professoren im Fach Biologie. Er wohnt heute immer noch in Moselstadt, welches dem Moselstadt der damaligen Zeit kaum mehr ähnelt.

„Wenn ich heute in den Wald gehe“, berichtet er, „begegnet mir ein neues Bild. Man hat den Wald auf mein Betreiben und das Betreiben vieler gleich denkender Wissenschaftler in Ruhe gelassen. Er durfte regenerieren. Dieser Prozeß ist bis heute nicht abgeschlossen, so sehr lasten die Schäden noch immer auf ihm, die der Mensch über Jahrhunderte hinweg und besonders im 20. und beginnenden 21. Jahrhundert angerichtet hat. Der Urwald kommt allmählich wieder durch. Entgegen einer irrtümlichen Meinung bedeutet Urwald keinen chaotischen Wald, sondern eine natürliche Ordnung eigener, faszinierender Art. Ich habe diese Entwicklung verfolgt und Bücher darüber geschrieben.

Und noch eines fällt jedem auf, der den alten Zustand der Wälder um diese wieder schön gewordene Stadt herum noch kennt: kein Plastik, kein Blech, kein anorganischer Müll liegen mehr herum. Früher stieß man allerorten auf Spuren menschlicher Unachtsamkeit, oder Tiere hatten auf der Suche nach Freßbarem die halbleeren Büchsen und Verpackungen aus den Mülleimern gezerrt und auf dem Boden verstreut. Heute gibt es das nicht mehr, denn: es gibt diese Verpackungen nicht mehr. Plastik, Aluminiumfolien und Blechdosen sind aus dem Handel verbannt. Jeder Kunde bringt seine Gefäße mit und wird von Verkäufern persönlich bedient. Die Supermärkte mit ihrem Verpackungsmüll sind Vergangenheit. Und wie werden die Verkäufer bezahlt, die neuen Verhältnisse erfordern doch einen ungleich höheren Personalstand? Sie haben wie alle Bürger im Land es nicht mehr nötig, von morgens bis abends im Hamsterrad nervender Tätigkeiten zu drehen. Um ihr Grundeinkommen aufzubessern, gehen sie für ein paar Stunden in der Woche gerne an die Theke bedienen. Wir haben auf der Uni in Moselstadt eine Untersuchung durchgeführt und herausgefunden, daß wir heute etwa auf dem Konsumniveau von 1958 und 59 wirtschaften. Nur noch wenige Menschen leisten sich jährlich einen größeren Urlaub oder besteigen eines der wenigen Flugzeuge, um in Mallorca oder in der Karibik am Strand zu liegen, und nur eine Minderheit kann dies alle zwei bis vier Jahre einmal tun. Und bis dahin wird fleißig gespart. Aber selbst wer es nie dahin schafft, ist zufrieden. Der Aufenthalt im Wald, in der ländlichen Umgebung wurde als neues Glück der Bürger entdeckt, nachdem man ihnen die irrwitzige Angst vor gefährlichen Pflanzen, Fuchsbandwürmern, Zecken und dergleichen genommen und ihnen neu beigebracht hat, daß der Wald, außer vielleicht bei Sturm, keinen gefährlichen Ort und die Natur nichts Böses darstellt. Sie begegnen der Natur wieder neugierig und angemessen. Die Liebe zum Wald führt zu einer neuen Wertschätzung der Natur, die lange überfällig war. Denn länger hätte die Menschheit ihre ständig wachsende Entfremdung gegenüber der Natur nicht überstanden. Ein paar Wahnsinnige wollten uns doch tatsächlich glauben machen, alles Gute käme von Technik und Chemie: Leben, Gesundheit, Nahrung, alles aus der Retorte! Sie entwarfen in ihren Glaspalästen abstrakte Konzepte eines sterilen, uns angeblich vor jeder Krankheit schützenden Lebens. Meine Berufskollegen wußten es anders. Wir sind biologische Wesen, und ohne ein gesundes Verhältnis zur Natur und eine gesunde Natur selber gehen wir früher oder später zugrunde. Die Menschen lieben die Natur wieder, und was man liebt, das achtet man, das schützt man, das beschmutzt und mißhandelt man nicht mehr.

Das Angebot in den Geschäften ist gegenüber damals sehr zurückgegangen, weil der Welthandel zurückgegangen ist. Unser Land versorgt sich überwiegend wieder selber, und wir haben ein gutes Gefühl dabei. Wir haben gelernt, unsere Gier da enden zu lassen, wo der Schaden der anderen beginnt. Wir durften nicht länger davon leben, daß anderswo weniger moderne Völker litten und ihrer Existenz beraubt wurden. Das war Völkermord, das war Krieg in anderem Gewand, das war gelebter Rassismus übelster Sorte und durfte so nicht weitergehen. Wenn jemand heute eine Banane oder eine Apfelsine bekommt, dann jubelt er wie ein Kind. Es ist eine Rarität geworden und ein Fest. Es ist wie Weihnachten. Die Wertschätzung für die wirklich wertvollen Dinge des Lebens ist immens geworden, und wir leben glücklicher als damals, weitgehend im Frieden mit uns selber und mit der Welt.“

Epilog

Ich frage Tim, was aus unseren Hauptdarstellern geworden ist.
„Außer meinem Freund, dem Rotschopf, der mein Alter ist, und den wenig älteren Tierschützern lebt niemand mehr“, erzählt er. „Der Rotschopf lebt heute in Australien. Er ist Ethnobotaniker und hat eine Vorliebe für die Ureinwohner dort entdeckt. Trotz seines Alters läuft er halbnackt mit ihnen herum, luchst ihnen altes Naturwissen ab und übt sich in Telepathie.
Unser Rambo ist Bürgermeister geworden. Sein treuer Begleiter wurde der schwarze Hund Felix. Selten sah man den einen ohne den anderen bei seinen Gängen durch Stadt und Natur.
Fuchs Fritz, die Rehe Tristan und Elfi und Keiler Leo sind im Wald geblieben. Die Jagd, die einst tagliebende Geschöpfe zu nachtaktiven Angstwesen stempelte, war Vergangenheit. Und wie sehr erfreute es den Spaziergänger oder Wanderer, wenn er, am Rande einer Lichtung auf einem Baumstumpf sitzend, Rehen und Hirschen beim Äsen zuschauen durfte oder Wildschweinen, wenn sie sich in einem Tümpel erfrischten.
Gina, unsere Schluckspechtin, war nun gern gesehener Gast in den Ausflugslokalen und zu einer kleinen Berühmtheit geworden. Tina jedoch bevorzugte es weiter, im Schatten der Wälder zu leben, und blieb Gina in ruhigen Minuten weiterhin eine treue Gefährtin.
Unsere vorlaute Trudi hängte sich an Natascha und Benjamin, die sich ein Häuschen am See gekauft hatten, wo

eine ganze Entenschar das Ufer bevölkerte. Dort fühlte sie sich pudelwohl und wurde nicht müde, sich den Artgenossen gegenüber ihrer Heldentaten zu rühmen.
Sarah, meine Mutter, fand eine neue Aufgabe darin, die Moselstädter durch Wald und Flur zu führen, ihnen die Heilkraft der Kräuter aufzuzeigen und ihre nun fleischlose Küchen mit vitalen und frischen Pflanzen zu bereichern. Und da viele Frauen durch den Einbruch der umweltzerstörenden Kosmetikindustrie um ihre Schönheit bangten, gab Sarah Anleitung, wie sie ihre gestreßte Haut durch Salben, Öle und manches Elixierchen wieder aufpäppeln konnten.
Unser Professor, Förster Eberstrauch und mein Vater Peter schlossen sich zusammen und erstellten mit Oberbürgermeister Rambo Pläne, die Stadt zu begrünen und den Verkehr drastisch zu reduzieren. Die Leute sollten mehr zu Fuß gehen, mit dem Rad fahren oder Bus und Bahn benutzen. Zuerst schrien die Moselstädter auf, als man ihnen die Autobenutzung nur unter strengen Auflagen erlaubte. Dieser Eingriff in die Freiheitsrechte der Mobilität war nur schwer zu verkraften. Aber bald, als der Smog sich verzogen hatte, keine Abgase mehr die Atemwege vergifteten und kein Lärm den Hörsinn malträtierte, merkten die Moselstädter den Unterschied. Und bald schon, im Rahmen ihrer seelischen und körperlichen Heilung, beschlossen sie, nie wieder in den ehemaligen desaströsen Zustand zurückzufallen, den sie damals als völlig normal empfanden.

Direktor Schultheiß reformierte sein Gymnasien, warf alle Computer und Geräte wieder hinaus und versetzte seine Anstalt in einen Zustand zurück, wo Lernen wieder Freude machte. Nach der überfällig gewordenen Abwahl der Ministerpräsidentin wurde er von einer fast nur noch aus parteilosen Abgeordneten zusammengestellten Landesregierung angefragt, ob er Bildungsminister werden wolle. Das lehnte er mit Verweis auf sein fortgeschrittenes Alter jedoch dankend ab.

Was Donald Duck betrifft: Niemand weiß bis heute, wer er war, denn er gab sich nie zu erkennen. Doch die ganzen Jahrzehnte hindurch, von den Ereignissen seit der Schlachthausrevolte bis heute, bleibt sein Einfluß spürbar. Es scheint, als ob seine regulierende Hand immer noch über allem schwebt und verhindert, daß die große Wende mit ihrer weltweiten Renaturierung durch den Homo sapiens oder den ihm innewohnenden Wurm wieder gefährdet wird. Ist es ein Mensch, dann ist es ein wirklich ganz großer!“

Anhang – Aufzeichnung aus dem Nachlaß des Direktor Schultheiß

Bei meinem Antritt als Direktor dieser Schule war das allgemeine Bildungswissen in Moselstadt dermaßen zusammengeschmolzen, daß kaum ein junger Mensch noch wußte, wer Aristoteles, Dürer oder Bismarck war. Große Teile der europäischen Literatur, die Geschichte der Religionen und der Aufklärung waren immer weniger Menschen geläufig, Anspielungen darauf wurden von fast niemandem mehr verstanden und die meisten Texte verwandelten sich in fest verschlossene Tresore.

Das Unverständnis für die geistigen Spitzenleistungen des Menschengeschlechts und die Kunst des dialektischen Denkens drängte die einst so genannte Hochkultur binnen einer Generation ins Abseits. Zu spät erkannten einige Späterwachte die Fehler einer Bildungspolitik, die Menschen zu willigen Konsumenten und Suchtabhängigen immer komfortablerer Technologien machte. Das Smartphone wurde zum Seelentröster und zur angebeteten Ikone weltweiter Dauerberieselung rund um die Uhr.

Der Staat und die Wirtschaft, was oft eines und dasselbe scheint, nutzten diese Abhängigkeit vom Smartphone, um den Bürger auszuspionieren, zu manipulieren und immer flächendeckender zu überwachen.

Ob unsere Gesellschaft sich vom geistigen Substanzverlust der vergangenen Jahrzehnte – ich nenne es eine kosmische Niveaukatastrophe – je wieder erholt? Zitate und Redewendungen, die meinen Eltern und durch meine

Eltern mir selber noch vertraut und selbstverständlich waren, bedürfen heute einer Erläuterung. Ich setze in Schüler wie Tim Laven, der auch noch Eltern hat, die gebildet sind und, was noch wichtiger ist, ihr Wissen, ihr Denken, ihre geistige Lebendigkeit weitergeben, eine gewisse Hoffnung, daß das Blatt sich noch einmal wendet. Wenn alles aber bleibt wie aktuell, dann plädiere ich dafür, die Schulen zu schließen und aus diesem schönen, nach einem großen Arzt und weitsichtigen Politiker benannten Gymnasium eine Reitsporthalle zu machen.

* Ende *

Weitere Veröffentlichungen von Sigrid Ertl

Tartüff für Anfänger. Kriminalstück. Barnstorf 2015
56 S., 6,- €. ISBN: 978-3-940597-56-4

Poetica criminalis & Die Partei der Frauen. Zwei Kriminalkomödien. Barnstorf 2016
100 S., 9,- €. ISBN 978-3-940597-88-5

www.sigridertl.net

Die Autorin dankt ihrem Mann Klauspeter Bungert für wertvolles Korrekturlesen und die Anstöße, die sie in den vergangenen Jahren aus seinem Schaffen, insbesondere der Dramenpentalogie *Unternehmen Faust*, bezog. Dort sind die ihrer Ansicht nach einzigen noch verbliebenen Spielräume aufgezeigt, innerhalb derer der Mensch aus eigener Kraft die selbstgeschaffenen Probleme lösen kann. (www.klauspeterbungert.de)

KLAUSPETER
BUNGERT

UNTERNEHMEN FAUST

Eine politische Utopie an fünf Abenden

VERLAG 28 EICHEN